Ursina Sommer (Hg.)

IM GEGENZAUBER

Spiritualität und Dichtung im Werk Erika Burkarts
(1922–2010)

T V Z

Theologischer Verlag Zürich

Publiziert mit der freundlichen Unterstützung von der reformierten Landeskirche Aargau, Pro Argovia und Swisslos Kanton Aargau.

Der Theologische Verlag Zürich wird vom Bundesamt für Kultur für die Jahre 2021–2024 unterstützt.

Bibliografische Informationen der Deutschen Nationalbibliothek
Die Deutsche Nationalbibliothek verzeichnet diese Publikation in der Deutschen Nationalbibliografie; detaillierte bibliografische Daten sind im Internet über http://dnb.dnb.de abrufbar.

Umschlaggestaltung
Simone Ackermann
unter Verwendung einer Fotografie von Loretta Curschellas, Zürich

Fotografien: Loretta Curschellas, Zürich, und Heidi Widmer, Wohlen

Gedicht S. 5: Erika Burkart: «Sprachgrenze». In: Stille fernster Rückruf. Gedichte. Zürich 1997, S. 14.

Druck
CPI books GmbH, Leck

ISBN 978-3-290-18449-0 (Print)
ISBN 978-3-290-18450-6 (E-Book)

Sprachgrenze

Was wir beschweigen,
wovon wir nicht schreiben,
das Ausgesparte
ist das Bewahrte.

Ausserworts
die andere Landschaft,
wortlos fällst du geheim
dem Sog des tiefsten
Entzückens anheim.

Inhalt

Im Gegenzauber

Ein Vorwort

Erika Burkart hat ihr Leben dem Schreiben gewidmet. Nachdem sie zunächst eine Ausbildung zur Primarlehrerin in Aarau absolviert und an verschiedenen Schulen unterrichtet hatte, entschied sie sich im Jahr 1953 mit einunddreissig Jahren für ein Leben als Schriftstellerin.

In einer beeindruckenden Kontinuität veröffentlichte Erika Burkart bis zu ihrem Tod im April 2010 zwanzig Gedichtsammlungen, fünf Romane und mehrere Prosabände. Ihre Texte wurden mit zahlreichen national und international angesehenen Preisen ausgezeichnet, unter anderem dem Conrad-Ferdinand-Meyer-Preis, dem Aargauer Literaturpreis und dem Joseph-Breitbach-Preis der Akademie der Wissenschaften und Literatur, Mainz. Im Jahr 2005 erhielt Burkart als erste Autorin überhaupt den Grossen Schillerpreis für ihr Gesamtwerk.

Erika Burkarts Bedeutung für die Schweizer Literatur kann kaum überschätzt werden. Seit einem halben Jahrhundert gehört das umfangreiche wie vielfältige Schaffen der Aargauer Dichterin zum Kanon der deutschsprachigen Gegenwartsliteratur und Burkarts Prosa und Lyrik dient jüngeren Autorinnen und Autoren nach wie vor als Orientierungspunkt. Das reichhaltige Werk zeugt vom sprachlichen Können und den vielen Facetten dieser Schriftstellerin. Während sich medial das Bild der Dichterin mit leicht entrücktem Blick verbreitete, so vermag diese Darstellung nicht darüber hinwegzutäuschen, dass sie vor allem eins war: eine Intellektuelle ihrer Zeit.

Der 100. Geburtstag am 8. Februar 2022 Erika Burkarts ist deshalb Anlass, eine ihrer vielen Rollen, nämlich die der spirituellen Dichterin, zu beleuchten – ein Aspekt ihres Schreibens, der wenig rezipiert wurde, in ihren Texten aber zentralen Stellenwert hat. So zum Beispiel auch in den posthum veröffentlichten Aufzeichnungen Burkarts, aus denen der Titel des vorliegenden Sammelbands stammt: «Im Gegenzauber». Es ist ein spätes Notat, in dem sie mit wenigen Strichen ein klares Bild zeichnet:

> In meiner Kindheit schwebte Gott als wunderbarer Adler über mir, kreisend entfernte er sich; nun, da man des rettenden Vogels (Heiliger Geist!) am meisten bedürfte, schrumpft er, in immer ferneren Kreisen sich entziehend, ein, ist ein Strich, wird ein Punkt. Der lichtspendende Stern, der weisse Adler hat sich entwest zu einem Schwarzen Loch.
> Seiner Saugkraft mich zu entziehen, mache ich, sozusagen im Gegenzauber, Worte.[1]

Damals das Kind, eins mit sich und der Schöpfung; nun die alt gewordene Dichterin, auf sich allein gestellt, Worte er-

---

1 Erika Burkart: Am Fenster, wo die Nacht einbricht. Aufzeichnungen, hg. von Ernst Halter. Zürich 2013, S. 295.

schaffend, um den ersehnten, doch abwesenden Gott zu kompensieren. Die tröstenden Zeichen der Kindheit – Adler, Stern – weichen den Punkt- und Strichsymbolen der Schrift, mit denen sie die Leerstellen füllt, Erinnertes und Erlebtes bewahrt: «Gegen die Flucht der Zeit, ihre Flüchtigkeit» macht sie «sozusagen im Gegenzauber, Worte». Im Alter, wo die Verheissung des ewigen Lebens bedroht scheint, vertraut die Dichterin dem Medium der Schrift als Gefäss für «das Erlebte, Gelebte». Was auf den ersten Blick als Verlust erscheint, erweist sich auf den zweiten Blick als die genuine Kraft ihrer Poesie. Obschon allgegenwärtig als Gottes Wirken auf Erden, ist der Heilige Geist in seinem trinitätstheologischen Ursprung für den Menschen unerkennbar. Während Burkart diese Unerkennbarkeit zwar beklagt, macht sie dieselbe poetisch wirksam, indem sie die Anerkennung der *theologia negativa* zur Urszene des eigenen Schreibens erhebt: Gerade in seiner Abwesenheit erhält der Heilige Geist bei Burkart eine literarische Präsenz, in der sich die Wirkkraft ihrer Poetik manifestiert, eine innere Welt in Worte zu fassen, geistige Inhalte zu versprachlichen. Auch in ihrem Gedicht «Nähe»[2] beschreibt sie diese Verborgenheit als Ursprung ihrer Dichtkunst:

Unberührbare Nähe.
Gottgeist-Immer. Mein Jetzt.
Ein Lauschen lang die Zeichen versetzt.

Bleib verborgen, damit ich sehe.

2   Erika Burkart: Ich lebe. Gedichte. Zürich und Stuttgart 1964, S. 22.

Gleichzeitig ist in Burkarts Gedichten aber auch der traditionelle Musenanruf zu finden, mit dem Dichtende um «Inspiration» bitten, sinngemäss also darum, von einer göttlichen Kraft beatmet, *inspiriert* zu werden. In seinem Wortursprung *spiritus sanctus* steht der Heilige Geist als Atem, Hauch, Wind am Anfang der dichterischen Tätigkeit. Burkarts sprachliches Kreisen um das Schwarze Loch, ihr Versuch, sich dem Verborgenen mit Wörtern anzunähern, schöpft seine Kraft gleichermassen aus der Bitte um Verborgenheit wie aus der Bitte um Anwesenheit. So zum Beispiel im Gedicht «Steh Antwort, Wind»[3], in dem ein um Worte ringendes Ich den Geist als Wind anruft:

> [...] *Wie aber sprechen,*
> *da das Wichtigste nicht*
> *zu Wort kommen darf!*
>
> *Es muss eine Sprache geben, in die*
> *die deine sich übertragen lässt;*
> *unabdingbar*
> *setzt sie die Silben,*
> *den Atem ziehend, wie du, Wind,*
> *aus Unerhörtem. Sprich du.*
>
> *Du sagst: Es weht*
> *der Geist wo er will,*
> *und sprachlos treffen*
> *Liebe und Tod.*

3   Erika Burkart: Sternbild des Kindes. Gedichte. Zürich und München 1984, S. 53.

Die Sprachlosigkeit verfestigt sich in der Anrufung des Geistes zum Gedicht. In diesem Zustand der Inspiration hebt sich die Trennung zwischen Himmlischem und Irdischem auf. Die Dichterin wird zur Mittlerin zwischen Oben und Unten, zwischen Göttlichem und Menschlichem, dem Geistigen und dem Materiellen. Diese Mittlerfunktion ist es, welche die Dichtkunst in die Nähe der Magie rückt, wie auch im titelgebenden Zitat Burkarts – «im Gegenzauber» – angedeutet wird: *Inspiriert* sprechen Dichtende das Unsagbare, werden ihrerseits zu Schöpfern von Welt. Wie Novalis schreibt: «Der Sinn für Poesie hat nahe Verwandtschaft mit dem Sinn der Weissagung und dem religiösen, dem Sehersinn überhaupt. Der Dichter ordnet, vereinigt, wählt, erfindet – und es ist ihm selbst unbegreiflich, warum gerade so und nicht anders.»[4]

So verstanden gehört für Burkart zum Schreiben immer auch Spiritualität und die Auseinandersetzung mit dem Göttlichen. Wobei Spiritualität stets als Suchbewegung zu lesen ist: Die Verbindung zum Transzendenten wird von Burkart umkreist, hinterfragt, nachgezeichnet. In einer weitgehend säkularen, entzauberten Welt wägt die Dichterin ihre Worte sorgfältig ab. Vermag die Dichtung den verlorenen Zauber zurückzuholen? Gibt es so etwas wie eine Magie des Wortes?

Sicher ist, dass Burkart die Spiritualität nicht auf die leichte Schulter nahm. Durchaus ambivalent steht sie diesem Konzept gegenüber, dies zeigt auch ihre ambivalente Stellung als spirituelle Dichterin. Die Gottlosigkeit wird zum «Schwarzen

4 Novalis: Aufzeichnungen aus dem Sommer und Herbst 1800. In: Schriften. Dritter Band, hg. von Richard Samuel. Darmstadt 1968, S. 686.

Loch», dem sie sich zu entziehen versucht, indem sie, «sozusagen im Gegenzauber», Worte macht. Der vorliegende Band, der im Titel diesen Bruch in sich trägt, nähert sich Burkarts Werk in dessen Entwicklung von zwei Seiten. Einerseits befragen Burkarts Texte die Sprache auf ihr Potenzial hin, Bilder für das Undarstellbare zu entwerfen, darüber zu schreiben und es zu poetisieren. Andererseits verhandelt dieses Werk auch explizit und intensiv zentrale Fragestellungen theologischen Denkens: Umgang mit der Schöpfung, Nächstenliebe, Glaube und säkulare Welt, Krankheit und Tod. Diese Kategorien mitsamt der Dialektik, die Burkart umtreibt, werden in den hier versammelten Beiträgen beleuchtet. Dabei wecken die Beiträge die Freude an der Neu- und Wiederentdeckung von Burkarts Texten und lassen ihren unverkennbaren Wortzauber wirken.

Was den Menschen ausmache

Eine Hommage

Zwei Schwestern. Zwei Frauen. Zwei Feen. Das Verlagspro-
gramm zeigt auf einer Doppelseite zweimal das gleiche Bild
der Dichterin. Auf der einen Vorschauseite zu *Langsamer Satz*[1]
steht Erika Burkart in Farbe unter einem hohen, wolkenlosen
Himmel da. Der dunkle Wintermantel, wadenlang, schneidet
den unteren Bildrand an. Im Hintergrund steht ihr Haus, die
Abtei in den Bäumen, das Geäst ohne Laub. Den wunderbaren
Garten auf der Südseite des alten verwunschenen Anwesens
sieht man nicht. Dafür ist auf der anderen Programmseite,
schwarz-weiss und seitenverkehrt, auch das gute Schuhwerk
der Dichterin deutlich zu erkennen. Es ist wichtig für den täg-
lichen Gang übers Feld, durch den nahen Wald. Unterwegs erweist sie jeweils einzelnen Bäumen die Reverenz, spricht mit
den Raben, denkt nach. Sie trägt einen Schal in der Hand, die
Luft ist milder, als erwartet, der Schattenwurf hell. Auf diesem
Gegenbild fällt, mehr noch als der Himmel, der grosse, runde
Rücken der Moräne ins Auge: als Boden unter den Füssen, als Horizont, Weltenrand. Wir sind in Aristau bei Muri. Auf dem Kapf.

1   Erika Burkart: Langsamer Satz. Gedichte. Zürich 2002.

«Auf dem Hügel steht das Haus im Schnittpunkt von zweimal vier Winden. Zum Haus gehören einige Hektar Himmel und Erde, ein Sternbild, ein Garten und eine Strasse, auf der man zum Tor in der Mauer und am Tor vorbei überallhin gelangt.» Diese zwei Sätze, allerdings in Vergangenheitsform, eröffnen, nach einer eindrücklichen Buchreihe unverwechselbarer Gedichte, Erika Burkarts grosse Prosaarbeit von 1970, *Moräne. Der Roman von Lilith und Laurin*[2]. Das Buch trägt den Namen von Erika Burkarts Stammland in seinem Titel, und es ist dem Wesen der Liebe auf der Spur: Von hier aus wird die Welt vermessen und ausgelotet. Länge mal Breite – und nach oben und unten hin in die Tiefe. Sie widmet den Roman ihrem Mann, dem Schriftsteller Ernst Halter.

«Mach die Augen zu, was du dann siehst, gehört dir.» Es waren solche Sätze, «fremde» wie eigene, die Erika Burkart mir (wie auch ihren anderen «Zöglingen») über die Jahrzehnte hin sorgsam unter die Zunge gelegt hat, einzeln, als Proviant. Sie haben im Lauf der Zeit nichts an Wert eingebüsst. So hat Erika Burkart umsichtig, unermüdlich und treu den «singbaren Rest» auf Erden immer wieder vermehrt um ein Wort. Als grosse Dichterin, als präzise Deuterin, hellwache Leserin und als sensible Zuhörerin. Von Trinkern und Torfstechern, jungen Dichterinnen und Dichtern und ihren Nachbarskindern. – Wer auf dem Kopf gehe, habe den Himmel als Abgrund unter sich, dieser Satz aus Paul Celans Büchner-Preisrede gehört ebenfalls zum Proviant. – Auch unsere Briefe liess sie nie ohne Antwort, auch wenn diese Antwort wiederum eine Frage war.

2   Erika Burkart: Moräne. Der Roman von Lilith und Laurin. Olten 1970.

Und wer aus ihrem Arbeitszimmer mit den Waldtapeten, den Büchern, Bildern, gespitzten Bleistiften und den anderen lieben Dingen in die ehemalige Gaststube hinunterstieg, um sich zu laben an Mutter Burkarts rundem Tisch, der sich weit über ihre Lebzeit hinaus, wie es schien, stets von selber wieder neu deckte, war gerettet für eine Weile. War genährt und gewappnet, um auch an Vater Burkarts verstaubten Gürteltieren und Gehörnen, vorbei am peruanischen Schrumpfkopf hinter der Kellertür und dem verborgenen Farbentraum seiner südamerikanischen Schmetterlingssammlung wieder ins aargauische Freiamt hinaus und auf die eigenen Füsse zurückzufinden. – Die Ermutigung zu weiteren «Tauchgängen» trug der Gast als Wegleitung unterm Arm:

«Unerinnerte, in der Tiefe treibende Träume sind schwere Fische, die an der Angel zerren. Sie lassen sich nicht an Land ziehn. Ein Ruck, und das Meer nimmt sie wieder. Enttäuscht und erleichtert zugleich schaut der Träumer ins Wasser. Er hat etwas verloren und weiss nicht was. Er muss es suchen und weiss nicht wo. Es folgt der Versuch eines Tauchers, einem Traum auf seinem Weg zurück Geleit zu sein.»[3]– Was den Menschen ausmache, wenn ihm die Worte ausgehen, schreibt Erika Burkart Jahrzehnte später in ihrem Buch *Langsamer Satz*, sei «seine uneingestandene Hoffnung / auf etwas, das es nicht gibt». Ja, immer wieder.

3   Burkart: Moräne, S. 9.

Annette Hug

Gebet und Gedicht: Eine Provokation

Erika Burkart, Louise Glück und Ben Lerner

I.

Woran rührt eine Stimme? Was ruft sie auf oder an? Zum Beispiel in den Gedichten von Erika Burkart, die 1977 im Band *Das Licht im Kahlschlag*[1] erschienen sind?

Wie eine Stimme entsteht, kann ich nicht sagen, aber ich kann beobachten, wie sie im Gedicht «Lese» umschlägt. Vielleicht hat das mehr mit mir zu tun als mit Erika Burkart, auf jeden Fall höre ich hinter dem Wort «vorzeiten» eine Stimme im Dialekt, die sagt: «*bizite* – wir wollen beizeiten zu Hause sein.» Es ist die Stimme einer Frau, die damals nicht alt war, aber meine Grossmutter, weshalb sie mir alt vorkam, und beim Wort «Lese» hätte auch sie an das Auflesen von Äpfeln gedacht, nicht an Weinlese und nicht an Bücher. Davon besass sie wenige, ein Brevier mit Gebeten und Bibelzitaten begleitete sie durchs Jahr. Sie las es mit strengem Sinn und wäre

1 Erika Burkart: Das Licht im Kahlschlag. Gedichte. Zürich und München 1977.

erschrocken ob folgender Strophe aus dem Gedicht «Lese» über Kinder bei der Apfellese, denn sie wäre ihr heidnisch vorgekommen:

Aufblicke. Selten. Der Einblick.
Diese Farbe
hat den Duft von Minze.
Minzenhügel. Jeder Hügel
eines Gottes Schulter,
aufruhend, wegtauchend –,
auch dich trug, vorzeiten,
das Meer.

Die Vorsilbe «vor» hebt die «zeiten» in eine andere Dimension, setzt sie von der ängstlich-strengen Stimme der Grossmutter ab. «Vorzeiten» wollen wir nicht nach Hause kommen, sondern ans Meer.

II.

Im Gedicht «Sinn des Lebens, ein Inventar» tut sich ein Meer im Haus auf:

Der Blitz
öffnet die Spiegel:
Schilde und Sog,
das erregte Meer in den Spiegeln.

Grauen, sich selbst zu begegnen.

Das Du dieses Gedichts sieht ‹keinen Sinn› [...] / ‹als in der Fülle, / als in der Leere / des Augenblicks.›

Diese Passage dient mir als erster Schlüssel, um die Gedichte des gesamten Bands zu geniessen: Sie vermitteln Augenblicke im Garten oder im Haus, die auch Einblicke sind und sich zu Sinn fügen. Der rührt mehr oder weniger ausgeprägt an etwas Tieferem, er scheint in ganz unterschiedlicher Weise mit einem «vorzeiten» verbunden.

Dorothee Wilhelm, Psychotherapeutin und Theologin, hat mir vor Jahren einmal erläutert, dass die Spannweite zwischen katholischer Bilderfülle und protestantischem (oder jüdischem, auch islamischem) Bilderverbot bereits im Alten Testament angelegt sei. In meiner Erinnerung geht das so: Wenn Gott Mose im brennenden Dornbusch erscheint, dann ist klar, dass Gott kein Dornbusch ist. Er kann sich aber in allen möglichen Formen zu erkennen geben. Dem Elia erscheint er allerdings nicht im Donner, nicht in einem Erdbeben und nicht im Feuer, sondern – in der Übersetzung von Martin Buber und Franz Rosenzweig – in einer «Stimme verschwebenden Schweigens»[2].

Dieser Gegensatz interessiert mich literarisch. Er umreisst zwei verbreitete Formen, etwas Unsagbares trotzdem zur Sprache zu bringen: Entweder durch eine Fülle mannigfaltiger Bilder, die als unzulängliche Annäherungen kenntlich sind, oder im bewussten Offenhalten einer Leerstelle.

---

2   Martin Buber und Franz Rosenzweig: Bücher der Geschichte. 8. Aufl. der neubearb. Ausg. von 1955, Lizenzausg. Stuttgart 1992. 1Kön 19,6–13.

Bei Erika Burkart stehen der Erinnerung an Kinderzeiten, die einen glücklichen Animismus freilegen, Gedichte gegenüber, die in einer sprach-vernichtenden Trauer gründen. Verdichtet finde ich das Schreiben um eine Leerstelle herum in einem zweiten Gedicht, das als Schlüssel für die Lektüre von *Das Licht im Kahlschlag* dienen kann. In «Steckbrief» heisst es:

Der graue Mut, mittels Worten
ein wenig Erde
sichtbar zu machen.

Mit Schweigen schonend,
was dauern möchte,
ausgesperrt aus der eignen Rede,
im Brachfeld erkennbar,
wenn es zu schneien beginnt.

III.

Der Gedanke, dass Gedichte an etwas Göttliches rühren könnten, scheint selbst schon unsagbar geworden. Aus der Zeit gefallen. Erika Burkart schreibt in den frühen 70er Jahren von «beinahe aufgegebenen Zonen» der Dichtung. In «Offener Brief» meint sie damit wohl den Fluch, im engeren Sinn eine Verfluchung, aber ihre Aussage trifft auch auf eine sanftere Form der Anrufung zu: auf das Gebet. Eine betende Stimme, die sich zutraut, durch die Publikation eines Gedichts aus dem ganz persönlichen Raum auszutreten, ist im heutigen Literaturbetrieb eine Provokation. Irgendwie peinlich. Worte, die ein Mensch im Gebet spricht, scheinen einer ganz anderen Dimension anzugehören als Worte, die auf eine Buchseite gedruckt werden. Die Ansprache ist eine radikal andere, dachte ich, bis das Nobelpreiskomitee 2020 die amerikanische Lyrikerin Louise Glück auszeichnete. Mit bassem Erstaunen und zunehmend fasziniert las ich die wenigen Gedichte, die in jenem Herbst überhaupt greifbar waren. Zuerst auf Englisch, dann in der Übersetzung von Ulrike Draesner. Die Szenerie des Bands *Wilde Iris*[3] ist ähnlich wie bei Erika Burkart: Ein Haus, ein Garten, Momente der Verzückung und der Verzweiflung. Unter dem Titel «Metten» (Englisch: *matins*) spricht ein poetisches Ich zu Gott. Anfangs ist unklar, ob es ihn überhaupt gibt, bis er dann, im Übergang von den frühmorgendlichen Metten zu abendlichen Vespern ein vertrauter Compagnon wird. Eine Gestalt unter vielen, die sich im Garten neben Blumen und Tieren tummeln, allerdings ist er das einzige Wesen, das schweigt. Der Ton, den Louise Glück in diesen Gedichten, die vielleicht Gebete sind, anschlägt, klingt immer wieder anders. Aber nirgends findet sich kindliche Sehnsucht oder Unterwerfung.

> ... *allein gelassen*
> *erschöpften wir einander. Jahre*
> *der Dunkelheit folgten; abwechselnd*
> *bestellten wir den Garten, die ersten Tränen*
> *füllten unsere Augen, als ein Dunst*
> *aus Blütenblättern die Erde umfing, manche*

3 Louise Glück: Wilde Iris. Gedichte. Übersetzt von Ulrike Draesner. München 2020.

dunkelrot, manche fleischfarben –
Wir dachten nie an dich,
den anzubeten wir lernten.
Wir wussten bloss, dass es der menschlichen Natur widersprach,
nur zu lieben, was Liebe erwidert.

Während ich mich noch wunderte, wie eine so sachliche Stimme an Entgrenzung rühren kann, erschien die deutsche Übersetzung von Ben Lerners Essay *Warum hassen wir die Lyrik?*[4] Als Lyriker verteidigt er die weit verbreitete Verachtung für aktuell vorliegenden Gedichte, um eine Utopie aufrechtzuerhalten. Er bleibt dem Ideal verpflichtet, dass Gedichte über das Endliche und das Historische hinausreichen, um «zum Transzendenten oder Göttlichen zu gelangen»[5]. Er zeichnet auch die säkulare Form des Transzendenten nach: Das Schreiben auf eine gleichberechtigte und befreiende Gemeinschaft von Menschen hin. Dabei erweist er sich als sehr viel protestantischer als Erika Burkart. Von Ausflügen in die nicht perfekten Mannigfaltigkeiten lese ich in seinem Essay nichts. Gegen jedes real existierende Gedicht, das heisst, gegen sein Scheitern zu wüten, ist Ben Lerner wichtig, «um sich auf einer *via negativa* jenem imaginären Werk zu nähern, welches das Endliche mit dem Unendlichen, das Individuelle mit dem Gemeinschaftlichen versöhnen könnte – das aus den sprachlichen Materialien dieser Welt eine neue erschaffen kann»[6].

4 Ben Lerner: Warum hassen wir die Lyrik? Essay. Übersetzt von Nikolaus Stingl. Frankfurt a. M. 2021.
5 A. a. O., S. 12.
6 A. a. O., S. 45.

IV.

«Hauch» heisst das erste Gedicht in *Das Licht im Kahlschlag*.
Wie «Lese» beginnt es auf einer romantischen Note, mit einem
Einblick, der auch zu hören ist:

Im Nebel, der ihren Klang verwandelt,
tönt anders die Sonne.
Beten, bevor sie befleckt ist,
mit einem Hauch
das Land aufschliessen
der Kinder, der Lämmer.

Anders als bei Louise Glück bleibt die direkte Ansprache aus.
Das Gebet ist nur zu erahnen im Hauch, und der erinnert an
das «verschwebende Schweigen», das Elia hört. In der Übersetzung von Martin Luther ist es ein «stilles, sanftes Sausen»[7].

Entsiegelt
Laut und Gebilde,
verbindlich allein
in der unbekannten Sprache
vorher.

25

7 Martin Luther: Die Bibel oder Die ganze Heilige Schrift des Alten u.
Neuen Testaments nach der deutschen Übersetzung D. Martin Lu-
thers. Neu durchgesehen nach dem vom Deutschen Evangelischen
Kirchenausschuss genehmigten Text. Stuttgart (o. J.). 1Kön 19,12.

Ben Lerners *via negativa* erscheint hier noch gesteigert. Wenn schon das Gedicht immer scheitert, so muss das Gebet erst recht von Worten verschont werden, um als Ahnung kräftig zu bleiben. Aber mit den Kindern und Lämmern tönt Erika Burkart eine andere Tangente an: Die Hügel der Götter und das Meer, das sich beim Apfellesen auftut. Eine genüsslich verzauberte Fülle von Erscheinungen.

Wobei die Lämmer auch in einem jener Gedichte zitiert werden, die Burkart während einer schweren Krankheit ihrer Mutter und nach deren Tod geschrieben hat. In einer Zeit also, die furchtbar gewesen sein muss. In «Ort der Kiefer. Ein Requiem» steht: «Keine Gebete. / Denn diese Krankheit ist gottlos.»

Etwas später, in «An meine Mutter», findet sich eine Zeile, die mir wie kaum eine andere den Verlust eines geliebten Menschen in Worte fasst:

> *Meine Seele nimmt ab,*
> *tastet im Schnee,*
> *den der Mond allein liess,*
> *nach Steinen, die einmal*
> *Lämmer waren.*

Die Lektüre von *Das Licht im Kahlschlag* ist so eindrücklich, weil sich nachvollziehen lässt, wie die Zeit wirkt. Die Fähigkeit, sich in die kindliche Verzauberung zurückzuversetzen und Steine in Lämmer zu verwandeln, gewinnt wieder an Kraft. Sie steht aber in einer stärkeren Spannung zur Leere, die vielleicht für das Unsagbare, vielleicht auch für ein absolutes Nichts steht.

V.

Zwischen den Gärten von Louise Glück und Erika Burkart, der Strenge Ben Lerners und der Ängstlichkeit meiner Grossmutter liessen sich weitere Verbindungen herstellen. Das ist einer der schönen Aspekte dieser Jahre, die so verrückt sind, dass wir nicht vorhersagen können, was in ein paar Monaten aus der Zeit fallen oder neu darin auftauchen oder wiederkehren wird.

Verehrte, liebe Zuhörer,

die Arbeit, die ich Ihnen nun vorlesen werde, wurde für Radio Zürich geschrieben. Gefordert wurde eine Selbst-
darstellung, also eine Begegnung mit
dem unheimlichen Wesen, das den
Namen Ich trägt. Nicht ohne
Bangen und Bedenken machte
ich mich heute die gestellte Aufgabe, wohl wissend: Ach, wir kennen
uns wenig, denn es waltet ein Gott
in uns. ~~Das soeben zitierte Wort, es
stammt von Hölderlin~~ Mit der Bitte,
~~Sie möchten das soeben zitierte Wort –
es stammt von Hölderlin~~ in Ihrem
Erinnern bergen, will ich versuchen,
~~Ihnen einen~~ Einblick, einen Ausblick ~~in das~~ zu ~~vermitteln in ein
Geschehen, das~~ vom Wort ~~zu kommen
und durch dieses eingeführt~~, wie
alles menschliche ~~Wort~~ ~~jenen~~
~~in jenes Schweigen mündet, das
Gottes allumfassende Sprache ist,~~
in jenes Tief ~~unergründlich beredte~~ uns
ins Herz ~~tat~~ vernehmbare Schweigen
es mündet, das Gottes allumfassende Sprache ist.

Joanna Nowotny

«Ich schreibe, also bin ich.»

Erika Burkarts Selbstdarstellungen

Wer über sich und sein Leben schreibt, folgt bewusst oder un-
bewusst Regeln und narrativen Mustern, die durch die Literaturgeschichte und das generationenübergreifende Erzählen
von Gemeinschaften vorgezeichnet sind – so viel ist in der
Literaturwissenschaft unumstritten.[1] Jede Erinnerung, die re-
konstruiert wird, wird zugleich konstruiert, sie ist Prozessen
der Bearbeitung unterworfen, die dort besonders intensiv
sind, wo das Material zu einem Text geformt wird. Es gibt
keine naive Selbstdarstellung oder Lebenserinnerung, kein
bruchlos authentisches Schreiben über das Ich, und manche
Literaturtheoretiker wie Paul de Man gehen sogar davon aus,
dass *Auto*biografie nur *als Maskenspiel*[2] existiert. Dies bedeutet freilich nicht, dass Selbstdarstellungen uninteressant sind,
ganz im Gegenteil. Nicht nur legen sie Zeugnis ab von einer

1   Vgl. z. B. Michaela Holdenried: Autobiografie. Stuttgart 2000. Zahlreiche kanonische Beiträge zur Theorie der Autobiografie sind ver-
sammelt, in: Texte zur Theorie der Biografie und Autobiografie, hg.
von Anja Tippner und Christopher F. Laferl. Stuttgart 2016.
2   Paul de Man: Autobiografie als Maskenspiel. In: ders.: Die Ideolo-
gie des Ästhetischen. Frankfurt a. M. 1993, 131–146.

Arbeit am Selbst, von seinen Beziehungen und geschicht-
lichen Bezügen – sie belegen zudem, welche Muster eine
solche Arbeit prägen und welche Rollenerwartungen und
-entscheidungen Identitäten formen. Und erzählen Künstle-
rinnen und Künstler von sich selbst, so schliessen sie sich an
eine jahrhundertealte Tradition der «Künstlervita» an[3] und
geben zugleich Aufschluss über ihr Konzept von Kunst überhaupt.

Erika Burkart hat keine Autobiografie verfasst.[4] Zahlreiche lyrische Texte, aber auch ihre Prosa, sind bis in ihren Kern
geprägt von ihrem Leben, ihrem Identitätsentwurf und ihrer
Familiengeschichte.[5] Schon früh beleuchtet Burkart die gene-
rationelle Folge, der sie entstammt: Im Gedicht «Familienballade», 1973 in *Die Transparenz der Scherben* veröffentlicht,
erzählt sie etwa von ihrer Herkunft, «geboren im Jahr / neunzehnhundertundzweiundzwanzig» und gefangen zwischen
der unberechenbaren Gewalt des Vaters und dem «Mut zur

3 Vgl. Ernst Kris: Das Bild vom Künstler. Eine psychologische Studie
über die Rolle der Überlieferung in der älteren Biografik. In: Texte
zur Theorie der Biografie und Autobiografie, hg. von Anja Tippner
und Christopher F. Laferl. Stuttgart 2016, S. 86–98.
4 An sekundären Arbeiten ist in dieser Hinsicht vor allem Doris
Rudin-Langes relativ ausführliche Studie bemerkenswert. Doris
Rudin-Lange: Erika Burkart. Leben und Werk. Zürich 1979.
5 Vgl. dazu auch Ackermann, die biografischen Aspekten im Werk
und v. a. in *Das Schimmern der Flügel* nachspürt. Esther Ackermann: Moor, Urwald und Wirtshaus: Erika Burkarts Rede- und
Schrifträume. In: Ein neuer Aufbruch? 1991–2011. Die Deutsch-
schweizer Literatur nach der 700-Jahr-Feier, hg. von Dorota Sosni-
cka und Malcolm Pender. Würzburg 2012, S. 59–81.

Liebe» der Mutter.[6] Der Bogen spannt sich bis zu den posthum veröffentlichten «Aufzeichnungen» *Am Fenster, wo die
Nacht einbricht*[7], in denen sie von Krankheit und Vergänglich-
keit berichtet, angesichts einer dunkler werdenden Zukunft
zurückblickt und sich Rechenschaft ablegt über ihr Leben.
Das Verhältnis von Lebensbericht und Literatur oder Lyrik ist
komplex: In den Worten Esther Ackermanns lädt Burkart
«die Lesenden ausdrücklich ein, sich ihrer Literatur nicht
werkimmanent zu nähern, jedoch im Bewusstsein, dass sich
im Autobiografischen die nüchternen Fakten mit den keines-
wegs nüchternen Erinnerungen auf vertrackte Weise mi-
schen»[8].

In Burkarts Nachlass im Schweizerischen Literaturarchiv
sind Texte überliefert, deren Hauptthema explizit die Selbst-
verortung und -verwortung ist; Prosatexte, die sich haupt-
sächlich mit Burkarts Identität, ihrer Rolle als Künstlerin
und der Rolle der Dichtung überhaupt beschäftigen und die
bisher in der Forschung kaum diskutiert wurden.[9] Es handelt
sich nicht um intime Tagebuchaufzeichnungen – auch diese
sind im Nachlass zahlreich vorhanden –, sondern um Texte,
die intentional und ausdrücklich am Selbst und seiner Ver-

---

6   Hier zitiert aus dem Typoskript, das im SLA unter der Signatur
    SLA-EBUR- C-1/01 erhalten ist. (SLA, Nachlass Erika Burkart).
7   Erika Burkart: Am Fenster, wo die Nacht einbricht. Aufzeichnun-
    gen, hg. von Ernst Halter. Zürich 2013.
8   Ackermann: Moor, Urwald und Wirtshaus, S. 68.
9   Eine Ausnahme bildet Ackermann, die an mehreren Stellen auf
    den ersten hier zu diskutierenden Text, den *Versuch einer Selbst-
    darstellung*, eingeht; vgl. Ackermann: Moor, Urwald und Wirts-
    haus, S. 63, 65, 68.

mittlung arbeiten und die narrativ durchkomponiert sind. Ich möchte hier auf drei dieser Texte näher eingehen, die ein Spektrum an Diskussionen abdecken: den langen *Versuch einer Selbstdarstellung*, einen namenlosen Text, der mit der Formulierung «Seit 25 Jahren schreibe ich Gedichte» ansetzt, und einen, der mit «Der Autor» beginnt; am Rande werden weitere Texte und Gedichte zur Sprache kommen.

Allen diesen Texten eignet ein Doppelbezug, sie gehorchen, mit Pierre Bourdieu gesprochen, «einer zugleich retrospektiven und prospektiven Logik»[10]: Sie sind retrospektiv, da sie vergangene Lebensphasen darstellen und eingliedern in ein sinnhaftes, entwicklungsorientiertes Modell der eigenen Persönlichkeit. Sie blicken aber auch in die Zukunft und arbeiten aktiv am Bild, das einer Öffentlichkeit von der eigenen Person vermittelt wird – und damit auch von der eigenen Kunst. Denn dies ist allen Texten gemein: Erika Burkart entwirft sich in ihnen als Gestaltende, als Wortarbeiterin. Sie malt ihr eigenes Porträt als Künstlerin und verortet sich in, manchmal auch in Opposition zu einer Gesellschaft. Die Analyse wird sozusagen kreisförmig erfolgen: Von philosophischen und poetischen Reflexionen über die Dichtung und die Macht der Sprache wird übergegangen zur Ursprungsgeschichte, die die Dichterin Burkart über sich erzählt. Danach kommen pragmatische Aspekte zur Sprache: Wie versteht die Lyrikerin ihre Arbeit als Teil ökonomischer Prozesse? Reflektiert wird hier auch über geschlechtliche Kodierungen von

---

10 Pierre Bourdieu: Die biografische Illusion. In: Texte zur Theorie der Biografie und Autobiografie, hg. von Anja Tippner und Christopher F. Laferl. Stuttgart 2016, S. 221–231, hier S. 222.

Beruf und Berufung. Und zuletzt kehren wir mit einem Text, in dem Pragmatismus und existenzielles Pathos sich treffen, zurück an den Anfang, zurück zu dem, was Dichtung für Burkart bedeutet.

Versuch einer Selbstdarstellung: Sprachmacht und Ursprungserzählung

Ein recht umfangreicher Vortragstext mit dem Titel *Versuch einer Selbstdarstellung,* entstanden in den Sechzigern,[11] vereint zahlreiche Motive, die zentral sind für Burkarts Lyrik und ihr Denken, und bringt sie in Verbindung mit Metareflexionen über ihr Schreiben. Der poetische Gehalt des Texts ist programmatisch, denn sein erster Satz lautet: «Eines Dichters Selbstdarstellung ist seine Dichtung.»[12] Diese Losung wird performativ umgesetzt, indem Burkart zahlreiche eigene Gedichte in den Text einbindet. Burkart ist hier Erzählerin, Autorin und Protagonistin zugleich, ein Zusammenfallen von Rollen, wie es für im weiteren Sinne autobiografische Texte typisch ist.

Es ist davon auszugehen, dass Burkart für diesen Beitrag angefragt wurde, und sie steht dem Projekt einer *Selbstdarstel-*

---

11 Ein Typoskript präzisiert auf dem Titelblatt die Entstehungskontexte: «Vortrag, gesprochen am 26. Dezember 1965 am Radio Zuerich» (SLA-EBUR-D-2-a/07). Unter der Signatur SLA-EBUR-A-3-c finden sich ein Manuskript und ein Typoskript zum Vortrag; zitiert wird hier jeweils aus dem Typoskript (mit Seitenangabe bei den nummerierten Seiten, unter Angabe des Blattes im Falle der nicht nummerierten Seiten).

12 SLA-EBUR-A-3-c, S. 1 [Blatt 3].

lung skeptisch gegenüber: In einer handschriftlichen Vorbemerkung schreibt sie von der «Begegnung mit dem unheimlichen Wesen, das den Namen Ich trägt». Sie legt Zeugnis ab vom «Bangen und Bedenken», das sie angesichts der Aufgabe überkam, «wohl wissend: ‹Ach, wir kennen uns wenig / denn es waltet ein Gott in uns›».[13] Das Selbst ist undurchschaubar, da ihm eine religiöse Dimension eignet, wie das Hölderlin-Zitat aus *Der Abschied* illustrieren soll.[14] Am Anfang des Projekts steht damit eine Infragestellung jeder textlichen Arbeit über das Ich, und zugleich wird eine Kommunikationsstruktur eröffnet, wie sie laut Judith Butler kennzeichnend ist für jeden autobiografischen Text: «Rechenschaft von uns selbst legen wir stets einem – ob eingebildeten oder realen – Anderen gegenüber ab.»[15] Im *Versuch einer Selbstdarstellung* kommuniziert ein Ich, das sich selber undurchsichtig ist, einerseits mit einer implizit gegebenen Zuhörerschaft, deren Vorhandensein den Anlass für den kommunikativen Akt bildet, und andererseits mit einem göttlichen Wesen, das in ihm «waltet».

Mit der Undurchsichtigkeit des Ich einher geht eine Hochachtung für das Schweigen;[16] schon in der Vorbemer-

13 A. a. O., [Blatt 2].
14 Möglicherweise zitiert Burkart hier frei aus dem Gedächtnis, da sich in beiden Fassungen ein Ausrufezeichen nach der Interjektion «Ach» findet.
15 Judith Butler: Rechenschaft von sich selbst. In: Texte zur Theorie der Biografie und Autobiografie, hg. von Anja Tippner und Christopher F. Laferl. Stuttgart 2016, S. 355–366, hier S. 357.
16 Vgl. zu dieser Thematik auch Zygmunt Mielczarek: Sprache und Natur in der Lyrik von Erika Burkart. In: Germanistische Studien zur Sprache und Literatur 1115. Katowice 1990, S. 38–40.

kung formuliert Burkart die Bitte, ihre Worte für den folgenden «Einblick» oder auch «Ausblick» in ein «Geschehen» im Kopf zu behalten, «das, obwohl vom Wort her kommend, wie alles menschliche Unterfangen in jenes tief beredte, nur im Herzohr vernehmbare Schweigen mündet, das Gottes allumfassende Sprache ist»[17]. Sollte man der Versuchung anheimfallen, auf den Widerspruch hinzuweisen, dass eine Dichterin und hier Vortragende das Schweigen verehrt, so antwortet der Text, indem er die lyrische Arbeit in die Nähe des Schweigens rückt, sie sozusagen als minimalistischen Sprachakt am Nullpunkt des Ausdrucks begreift. Burkart nimmt ihr eigenes bekanntes Gedicht *Dazwischen* in den Text mit auf, das mit der Zeile endet: «Gedichte sind Grade des Schweigens.»[18] Gerade der Dichter, «der mit Worten arbeitet, ist wie kein anderer vom Schweigen umstellt»,[19] und wird damit implizit in die Nähe von Gottes allumfassendem Schweigen gerückt.

Gottesähnlich ist «der Dichter»[20] auch, da jede Dichtung in quasigöttlicher Manier die Welt erschafft, ein Gedanke, der sich auch in älteren Künstlerviten häufig findet:[21] Sie «fordert uns auf, Mitzeuge zu sein von Ereignissen, die recht eigentlich dadurch, dass die Kunst sich ihrer annahm, zu solchen

---

17 SLA-EBUR-A-3-c, [Blatt 2].

18 A. a. O., S. 5; das Gedicht wird auch diskutiert bei Corinna Jäger-Trees: «Gedichte sind Grade des Schweigens». Zu den Materialien von Erika Burkart im Schweizerischen Literaturarchiv. In: Der Bund 203, 1. September 2001, Der kleine Bund: 4 [Der Artikel ist im SLA archiviert unter SLA-EBUR-D-2-a/28.1].

19 SLA-EBUR-A-3-c, S. 3.

20 A. a. O., S. 1.

21 Vgl. u. a. Kris: Das Bild vom Künstler, S. 94.

wurden»[22]. Gottesähnlich erscheint der Lyriker auch im Gedicht «Einer, der schreibt», das in den Text aufgenommen[23] und im Band *Ich lebe*[24] erstmals veröffentlich wurde: «Schnell und langsam dreht er den Globus, / drehend vermischt er die Länder den Meeren / zu blankem Vogeleigrün. / So leicht ist die Erde! er räumt sie hinweg.»

Die Welt, auf die der Dichter gerichtet ist, ist die Natur, denn er «zieht» «den Schleier» vom «Felsen» und «liest die Unterseite der Steine», wie es in «Einer, der schreibt» heisst. Da klingt die Metapher des Buchs der Natur an, die Vorstellung, die seit dem Kirchenvater Augustin in der Welt die Schrift Gottes erkennt, sie damit als lesbar versteht. Der Dichter benutzt alle Sinne, «er ist was er sieht» und er «hält» sich die Welt «[w]ie eine Muschel und nicht wie den Hörer» «ans Ohr». Implizit wird hier eine Skepsis gegenüber Technik und Moderne ausgedrückt, wie sie für Burkart typisch ist – der «Hörer» verstellt einen authentischen Zugang zu Welt, und der Dichter «knipst nicht und filmt nicht»[25.] Fotografie und Film, immerhin ihrerseits visuelle *Künste*, werden hier abgewertet zugunsten eines unmittelbaren Wirklichkeitsbezugs: «er ist was er sieht».

22 SLA-EBUR-A-3-c, S. 1 [Blatt 3].
23 A. a. O., S. 1f.
24 Erika Burkart: Ich lebe. Gedichte. Zürich 1964.
25 Im *Versuch einer Selbstdarstellung* (SLA-EBUR-A-3-c, S. 15 f.) zitiert Burkart zum Abschluss und also an besonders exponierter Stelle ihr Gedicht «Postskriptum», in dem das lyrische Ich durch den «bellenden, gestikulierenden Bildschirm des Lebens» hindurchgreifen möchte, um zum eigentlichen Leben vorzudringen – wiederum wird hier auf metaphorischer Ebene eine grosse Technikskepsis evoziert.

Doch Dichtung ist auch schmerzhaft, und Burkarts «Dichter» wird zum «Ich», wenn sie berichtet:

Mehr und mehr geschieht mir, dass ich tief verwirrt in das Spektrum, den gewachsenen Kristall, die Zisterne eines Phänomens blicke, das mir plötzlich durch seine Sinnträchtigkeit Not bereitet. Es ist die Not der Sprachlosigkeit. Keine Metapher stellt sich ein, die vielsinnig, vieldeutig genug wäre, die Gebärde des Baumes auszudrücken, der schwarz gegen das unwahrscheinliche Zartgrün des Abendhimmels steht, eine junge scharfe weisse Mondsichel im knotigen Geäst. Glaube ich das intensivste, eine Gleichung herstellende Wort zu packen, entwindet es sich mir, indem es wie jener Zauberer im ‹Gestifelten [sic] Kater› bei jedem Zugriff in eine neue Gestalt schlüpft.[26]

Hier mag man eine transtextuelle Beziehung sehen: In Hofmannsthals *Brief des Lord Chandos*, einem Text, der fast sprichwörtlich mit der Sprachskepsis verbunden ist, ist es unter anderem auch ein Baum, an dessen Erfahrung und Wahrnehmung die Ausdrucksfähigkeit des Icherzählers zerbricht. Es ist ein «Nussbaum», der Chandos mit der «Gegenwart des Unendlichen durchschauert, [...] dass ich in Worte ausbrechen möchte, von denen ich weiss, fände ich sie, so würden sie jene Cherubim, an die ich nicht glaube, niederzwingen, und dass ich dann von jener Stelle schweigend mich wegkehre und nun nach Wochen, wenn ich dieses Nussbaums ansichtig werde, mit scheuem seitlichen Blick daran

37

26 A. a. O., S. 3.

vorübergehe, weil ich das Nachgefühl des Wundervollen, das dort um den Stamm weht, nicht verscheuchen will»[27]. Wie Hofmannsthal arbeitet auch Burkart mit vielschichtigen Metaphern, um einer Sprachskepsis Ausdruck zu verleihen, die paradoxerweise zwar affirmiert, aber durch die Bildmacht der jeweiligen Texte zugleich unterwandert wird.

Stärker noch als in Hofmannsthals Text rückt bei Burkart der Aspekt der Magie in den Vordergrund, die «Alchemie der Worte»[28] und die Wandelbarkeit von Welt durch Wort. Burkart schliesst damit an eine lange Tradition an, die, wie unter anderem Ernst Kris gezeigt hat, «den Künstler als Zauberer, Magier [...] kennzeichne[t]»[29]. Deswegen sind es magische Märchen wie der *Gestiefelte Kater*, die im *Versuch einer Selbstdarstellung* einen privilegierten Zugang zur Wahrheit versprechen, denn «mehr als sie», als Förster, Jäger oder Spaziergänger, «weiss die Geschichte, die mit ‹Es war einmal› beginnt, von dieser aus Blättern, Zweigen und Stämmen, Harzgeruch und Tierlauten zusammengesetzten Dämmerung, die wir Wald nennen»[30]. Unter den Büchern, die Burkart beeinflussten, befinden sich denn auch *Die Kinder- und Hausmärchen der Gebrüder Grimm.*[31] Und ein bestimmtes Märchen

27 Hugo von Hofmannsthal: Der Brief des Lord Chandos. Stuttgart 2019, 16f.
28 SLA-EBUR-A-3-c, S. 3.
29 Kris: Das Bild vom Künstler, S. 93. Kris argumentiert psychoanalytisch, doch sein Konzept von berufsbezogenen biografischen Invarianten – hier der Künstlervita – lässt sich auch im Rahmen moderner diskursanalytischer Ansätze fruchtbar machen.
30 SLA-EBUR-A-3-c, S. 3.
31 A. a. O., S. 13f.

aus dieser berühmten Sammlung fungiert als Metapher für die Dichtung überhaupt: das Märchen *Jorinde und Joringel*, das in den *Kinder- und Hausmärchen der Brüder Grimm* an Stelle 69 steht und dem Burkart ein eigenes Gedicht mit Namen «Jorinde» gewidmet hat.[32] In ihm gibt eine Zauberblume verwandelten Wesen ihre ursprüngliche Gestalt zurück – mit dieser Blume vergleicht Burkart des «Dichters Wort», das Wahrheit schaffen kann.[33]

Die Märchen leiten über zu einem zentralen Thema von Burkarts Dichtung, der Wahrnehmung des Kinds. Kinder spielen im Werk an vielen Stellen eine Rolle, denn «[d]ie Wahrheit des Schreibens wurzelt für sie zwingend in der eigenen Kindheit»[34]. In einem poetisch-schwebenden Text, der laut seinem Titel dezidiert keine Biografie sein will – *An Dich und Dich und Dich, anstelle einer biografischen Notiz*[35] – stilisiert sich Burkart selber zum «Kind, dessen Gesicht der Blitz mitten entzwei gespalten hat»[36], weswegen man es fälschlicherweise für eine «Meduse» halten könne.[37] Während Fe-

---

32 Veröffentlicht in Burkart: Ich lebe, S. 13. Das Gedicht wurde auch in den *Versuch einer Selbstdarstellung* aufgenommen, dann aber mit einem Bleistiftkreuz durchgestrichen; SLA-EBUR-A-3-c, S. 4.
33 A. a. O., S. 4. Dass des ‹Dichters Wort› hier, wollte man die Metapher ganz genau nehmen, die Welt eigentlich entzaubern würde, ist eine paradoxe Weiterung dieser Märchen-Metapher, in der ein böser, verfälschender Zauber über der Welt liegt und gelüftet werden muss.
34 Ackermann: Moor, Urwald und Wirtshaus, S. 66.
35 SLA-EBUR-A-3-e; vgl. auch SLA-EBUR-E-2-A/1.
36 Vgl. zur Gespaltenheit als Thema der Texte Burkarts auch Rudin-Lange: Erika Burkart, S. 44.
37 SLA-EBUR-E-2-A/1, S. 1.

ministinnen wie Hélène Cixous (in *Das Lachen der Medusa*) die Medusa-Figur als widerständige, aktive Frau für sich reklamieren und positiv deuten, verschliesst sich Burkart solchen Ansätzen zugunsten des «Lieblichen und Milden», der «Schonung und Zartheit» – eben des Kindlichen.[38]

Im *Versuch einer Selbstdarstellung* führt Burkart ihre eigene Geschichte als Dichterin zurück auf ihren «frühesten Lebenskreis». Das Bild einer Moorlandschaft hing in ihrem Kinderzimmer, das sich seinerseits in einem Haus befand, das in der Moorlandschaft stand, dem Haus Kapf, in dem Burkart später mit ihrem Ehemann Ernst Halter lebte. Zur Geburt ihrer nach einem «Heidenkraut» benannten Tochter wünschte sich die Mutter dieses Bild.[39] So empfänglich Erika Burkart für dieses «Andachtsbild» ihrer Kinderjahre mit einem «besinnliche[n] Hirte[n]» war,[40] musste sie seine Überlegenheit der Realität gegenüber konstatieren: «Nun war freilich unser Ried nicht so unbegrenzt weit wie die Heide auf meinem Bild, unser Erikakraut blühte nie so rot, und der Himmel über ihm [...] konnte es nicht mit jenem Aetherstreifen von reinstem Türkis aufnehmen.»[41] Die «Landschaften, d[as] reale Moor und seine Bereinigung, Verklärung und Erweiterung»[42] im Bild, sind also schon entzweit, und im Text lauert damit ein Bewusstsein davon, dass Kunst Realität nicht unverfälscht wiedergibt – sondern sie eben vielleicht erst erschafft, wie Burkart ja am Anfang des Textes schreibt,

---

38 A. a. O., S. 1.
39 SLA-EBUR-A-3-c, S. 7.
40 A. a. O., S. 7f.
41 A. a. O., S. 8.
42 A. a. O., S. 8.

da «Ereignisse» erst in ihr «recht eigentlich [...] zu solchen» werden. Später spricht Burkart vom «Koordinatensystem eines magischen Geländes», ein Gelände, das zwar einerseits in der Moorlandschaft der Kindheit begründet liegt, sich aber andererseits von Worten und Kunsterfahrungen wie den Erzählungen der Mutter und den Gedichten Droste-Hülshoffs nährt.[43] «Eine geliebte Landschaft ist eine gesteigerte Landschaft», bringt Burkart es auf den Punkt.[44] Kunst als «Bereinigung, Verklärung und Erweiterung» einer erfahrenen Realität – man könnte hier anmerken, dass damit natürlich auch eine unmittelbare, authentische, realitätsgetreue Selbstdarstellung unmöglich oder zumindest wenig wünschenswert wird. Diese Erkenntnis bedingt sicherlich die poetische Natur von Burkarts Text, der auf kalte, faktische Informationen wie Jahreszahlen vollständig verzichtet.

«Seit 25 Jahren schreibe ich Gedichte»: Lyrik, Broterwerb und «Gender Troubles»

Ganz anders der nächste Text. In ihm widmet sich Burkart nicht der dichterischen Ursprungsgeschichte oder Reflexionen über die lyrische Schöpfungskraft, sondern den «Schwierigkeiten, die sich einstellen, sobald das Werk druckfertig auf dem Tisch liegt»[45]. Im Prosatext über das Dichten, der mit der Formulierung «Seit 25 Jahren schreibe ich Gedichte» beginnt,

---

43 Vgl. zu Burkart und Droste-Hülshoff Rudin-Lange: Erika Burkart, S. 85–94. / SLA-EBUR-E-2-A/1, S. 1.

44 SLA-EBUR-A-3-c, S. 11.

45 Typoskript «Seit 25 Jahren schreibe ich Gedichte», ca. 1970, SLA-EBUR-E-5-A-3-a-13, hier S. 2.

ist auf den letzten Seiten wiederum das Gedicht «Einer, der schreibt» abgedruckt, um die «Mühen» des Schaffensprozesses wenigstens in dieser Form noch abzubilden.[46] Denn ansonsten beleuchtet Burkart das Dichten auf weit konkretere Weise, wie schon die Jahresangabe im ersten Satz zeigt, und sie formt ein Bild von sich als Dichter(in), das im Spannungsfeld von Rollenbildern steht. Burkarts Text zielt auf ein altes und oft literarisiertes Dilemma – den Konflikt zwischen der Dichterberufung und den ökonomischen Bedingungen.

Die Künstlerin Burkart ist hier ein «Lyriker», der auf «Stipendien, ‹Preise›, gute Freunde und vor allem auf einen zusätzlichen Broterwerb angewiesen» ist.[47] Sie ist in diesem Text zugleich Akteur und Objekt – sie ist handelnde Künstlerin, aber den Zwängen einer Gesellschaftsordnung unterworfen, in der man von Lyrik allein kaum leben kann. Die Dichterberufung ist in «Seit 25 Jahren schreibe ich Gedichte» einerseits hehr, andererseits aber kommt «die Welt auch ohne» sie «aus», wie Burkart fast zynisch bemerkt, und zwar «vor allem auch die politische Welt, die heute nicht mehr aus der Dichtung wegzudenken ist. Der Dichter bemüht sich um sie, doch sie nur wenig um ihn.»[48] Unterschwellig wird die Beziehung zwischen «Dichter» und «Politik» hier als romantische, aber unerfüllte Liebesbeziehung imaginiert – und ebenso wenig erfüllend ist die ‹Liebesbeziehung› zwischen einem Publikum und dem «Dichter», denn «[j]ene, die uns ‹verehren›, wissen nicht, wie demütigend das Leben eines Schriftstellers

42

46 A. a. O., S. 2.
47 A. a. O., S. 1.
48 Ebd.

zuweilen ist. Oft komme ich mir wie ein Hausierer vor, der für eine Ware, die man ohnehin nicht benötigt, um Vorauszahlung bettelt»[49]. Aus der individuellen Erfahrung wird eine kollektive Kritik: Die Selbstdarstellung ist genau dort angesiedelt, wo persönliche und gemeinschaftliche Erfahrungen sich überschneiden, sie trägt den Anspruch in sich, über das nur Individuelle hinaus relevant zu sein, und insofern kommt ihr eine Scharnierfunktion zu. Burkart geht so weit, in «Seit 25 Jahren schreibe ich Gedichte» einen fast radikalen Vorschlag zu machen: «regelmässigen Lohn» für «Dichter» – «[e]r brauchte ja nicht so hoch zu sein wie der eines Maurers oder Kaminfegers, die, im Gegensatz zum Dichter, vermisst würden, fielen sie plötzlich aus.»[50] Weit weg scheint hier das idealisiert-poetische Bild des Dichter-Schöpfers aus dem *Versuch einer Selbstdarstellung*.

Bevor Burkart diesen Beruf – oder diese Berufung – ergriff, war sie im «Lehrerinnenberuf» tätig.[51] Mit der «Lyriker»-Werdung geht hier auf einer sprachlichen Ebene ein Geschlechterwechsel einher, vom generischen Femininum zum generischen Maskulinum. Der «Lehrerinnenberuf» ist der Schreibberufung diametral entgegengesetzt: «Dieser Beruf, der meine körperlich schwache Konstitution überbeanspruchte, liess mir wohl Zeit, doch nicht genügend Kraft zum ~~schreiben~~ gestalten. Während jener 10 Jahre Lehrtätigkeit konnte ich eigentlich nur in den Ferien ~~arbeiten~~ schreiben.»[52]

---

49 Ebd.
50 Ebd.
51 Vgl. dazu auch Rudin-Lange: Erika Burkart, 9f.
52 SLA-EBUR-E-5-A-3-a-13, S. 1.

Der engere Begriff «schreiben» wird hier also durch den weiten, die Kreativität überhaupt betreffenden Begriff «gestalten» ersetzt, und die allgemeine «Arbeit» durchs «Schreiben». Man könnte spekulieren, dass die zweite Ersetzung zuerst stattfand, da Burkart den «Lehrerinnenberuf» nicht aus dem Bereich der Arbeit ausschliessen wollte – geht der Text doch genau darum, dass die «Arbeit», die der «Lyriker» «leiste[t]», eben nicht als eigentliche Arbeit anerkannt ist, jeglicher Broterwerb hingegen schon.

Narrativiert wird der Konflikt zwischen Broterwerb und Dichterberufung also unter bestimmten gendertheoretischen Vorzeichen: Die Selbststilisierung, die Burkart hier betreibt, erinnert an die Trope der *femme fragile*, einer zarten, schwachen Frau, die den Herausforderungen des Erwerbslebens nicht gewachsen ist.[53] Die *Gender Troubles*, die sich untergründig durch den Text ziehen, werden an einer Stelle explizit:

> Der tägliche Verbrauch verhinderte das Entstehn nennenswerter Arbeiten. Vorstellungen von dem, was zu schaffen sei, waren wohl da. Sie wurden selten verwirklicht, da der Weg vom entwerfenden Geist bis zur ausführenden Hand oft ein langer und mühseliger ist. Zumindest bei mir. Einem Mann stehen vielleicht mehr Kräfte zur Verfügung.[54]

44

Burkart nimmt geschlechterspezifische Erwartungen vorweg, indem sie ihre Künstlerinnenwerdung als Geschichte einer

---

53 Ariane Thomalla: Die «femme fragile»: ein literarischer Frauentypus der Jahrhundertwende. Düsseldorf 1972.
54 SLA-EBUR-E-5-A-3-a-13, S. 1.

Frau erzählt – einer Frau, die im Moment der Befreiung von ökonomischen Zwängen im Sprachmaterial zum Mann wird, zum «Lyriker», der sich mit einem ebenfalls männlich kodierten Publikum konfrontiert sieht. Eine letzte männliche Domäne ist die Verlagswelt, denn der «Dichter ist ein in der Gesellschaft geduldeter Mensch, dessen Produkte von der Zeit, in der er lebt, in zwiefachem Sinn beklatscht, achselzuckend akzeptiert oder verworfen werden. Ist letzteres der Fall, dürfte er es schwer haben, seine Sachen weiterhin an den Mann, d. h., vorerst an einen Verlag, zu bringen.»[55] Burkart, die in der Presse oft betont «weiblich» beschrieben wurde, als «[k]lein und ätherisch zart», als «Elfe und Fee»[56] oder als «[l]etzter lebender Barockengel»[57], charakterisiert durch ihre «Verletzlichkeit»[58], scheint sich hier sehr bewusst in einer «männlichen» Welt zu verankern, die ihr nicht immer wohlgesonnen ist.[59] Man könnte spekulieren, dass der «Lyriker» Erika Burkart hier vielleicht intentional ein Selbstbild entwirft, das nur zum Teil in Einklang, zum Teil aber auch in einem Spannungsverhältnis steht mit der medialen Rezeption ihrer Person und Kunst.

55 A. a. O., S. 2.

56 Evelyn Braun: Ein Leben für die Lyrik. In: Annabelle 1990, S. 127. [die Ausgabe ist im SLA archiviert unter SLA-EBUR-D-2-a/03].

57 Walther Kauer: Erika Burkart: Letzter lebender Barockengel. In: Aargauer Kurier, 5.8.1970 [Der Artikel ist im SLA archiviert unter SLA-EBUR-D-2-a/28.1].

58 Laura Buchli: Realitäten aus der Tiefe. Gespräch mit der Lyrikerin Erika Burkart. In: Brückenbauer 12, 24. März 1978, S. 12. [Der Artikel ist im SLA archiviert unter SLA-EBUR-D-2-a/04]

59 Im Literaturarchiv ist eine ausgedehnte Pressedokumentation mit diesen und ähnlichen Epitheta vorhanden; vgl. SLA-EBUR-D-2-a-1.

«Der Autor». Dichtung als Existenzgrundlage

Diese gegenderte Versuchsanordnung wird in einem kurzen undatierten Text auf die Spitze getrieben, der mit der Beruf(ung)sbezeichnung «Der Autor» beginnt und mit dem sich der Kreis sozusagen schliesst – von der existenziell-religiösen Grundlage der Dichtung ist die Analyse übergegangen zu den konkreten Herausforderungen des Künstlerdaseins und der geschlechtlichen Kodierung des Dichtens, um nun bei einem Text zu landen, in dem sich Existenzanalyse und geschlechtlich aufgeladene Dynamiken treffen.

Wiederum steht eine Autorfigur quer zur «für den ‹Unterhalt› notwendigen Arbeit» und verrichtet ihre «eigentliche Arbeit» in der «Freizeit, da er [der Dichter] nur frei ist, wenn er im eigensten Bereich tätig sein darf».[60] Die dichterische Tätigkeit ist hier «Schwerarbeit» und wird damit gegenüber der Lohnarbeit implizit aufgewertet. Das Dichten, dieses «Wesentliche», ist eine existenzielle Angelegenheit, wie durch einen impliziten Verweis auf Kierkegaards *Krankheit zum Tode*[61] und das in diesem Text ausführlich analysierte Moment der existenziellen Verzweiflung deutlich wird. Burkart schreibt: «Das Verhindertsein am Wesentlichen ist eine Art Erstickungstod. Ein Durst, eine Krankheit zum Tode, findet, was sich geistig bildet, keinen Ausweg ins schriftliche Wort.» Das Erstickungsmotiv scheint direkt aus Kierkegaards Text

---

60 SLA-EBUR-E-5-A-3-a-02; der Text hat nur eine Seite, weswegen in der Folge keine Seitenverweise eingefügt werden.

61 Sören Kierkegaard: Die Krankheit zum Tode. In: Sören Kierkegaard: Der Begriff Angst. Die Krankheit zum Tode. Wiesbaden 2011, S. 183–318.

entlehnt, in dem die «Verzweiflung der Notwendigkeit», die «im Mangel der Möglichkeit»[62], also Fantasie und Kreativität besteht, dem Ersticken gleicht: «ohne Möglichkeit kann ein Mensch gleichsam keine Luft bekommen»[63] (Abhilfe schaffen kann laut Kierkegaard zwar die «Erfindsamkeit menschlicher Fantasie»[64] – man könnte also auch sagen: die Dichtung und Kunst; aber zuletzt hilft nur der Glaube, denn nur für Gott ist alles möglich. Burkarts eigene Religiosität spielt in den hier diskutierten Texten nur im *Versuch einer Selbstdarstellung* eine Rolle, berührt sich aber an zahlreichen Stellen mit Vorstellungen Kierkegaards.)

Wenig Verständnis für diese Arbeit hat hier nicht nur ein «Leser» – «[m]it Missverständnissen füllt die Zeit den Graben zwischen Leser und Autor» –, sondern ausgerechnet eine «Frau»: «Zu seinem stillen, seinem meist lautlosen Tun – was macht er nur? denkt die Frau, die vor der Türe seines Zimmers die Treppe säubert – gehört das Denken, Sinnen, Planen, Verwerfen, Neubeginn.» Hier ist nicht nur Weiblichkeit der Dichtung diametral entgegengesetzt, die grammatikalisch konstant männlich kodiert bleibt, sondern implizit entsteht eine Hierarchie an Arbeiten mit verschiedenen Graden der «Geistigkeit»: vom vergeistigten Dichter zur körperlich arbeitenden Putzfrau, von der «Schwerarbeit» des Dichters zur, wie man annehmen muss, verhältnismässig leichten Arbeit der Putzfrau. Dass ausgerechnet diese Frau «denkt», also eigentlich genau der Tätigkeit nachgeht, die gleich dar-

47

---

62 A. a. O., S. 217.
63 A. a. O., S. 219.
64 Ebd.

auf dem «Dichter» zugeschrieben wird, mag ein Moment des Widerstands sein, das sich in den Text gleichsam hinter dem Rücken der Autorin eingeschlichen hat. «Ich schreibe, also bin ich», schreibt Burkart – ein «Dichter», dessen Existenz durch Oppositionen bestimmt scheint, zwischen Schweigen und Schreiben, naiver Kindlichkeit und raffinierten literarischen Anspielungen, Männlichkeit und Weiblichkeit, zwischen geistiger und körperlicher «Schwerarbeit».

Ilma Rakusa

Die brennende Farbe des Schnees

Zum Gedicht «Weiss»

Weiss

Es schneit. Es zieht mich hinaus,
im Schnee kann ich dich finden,
der Weg zurück und das Haus
gehn verloren in den vier Winden.

Du bist, wo es am dichtesten schneit,
trittst aus Büschen, verschwindest in Stämme,
hinter dem Schnein kommst du nah, gehst du weit,
ich seh deine Brauen, die Nadelkämme.

Ein Flüstern ist in der Luft
von Flocken, der Himmel zieht ein,
öffnet Geäst, schliesst die Nebelkluft,
jede Flocke ein Sterngebein.

Bis zum Mund reicht das Schneien,
das uns verbindet und trennt,
schmeckt nach nichts, löscht das Schreien;
Weiss. Die älteste Farbe. Sie brennt.[1]

1   Erika Burkart: Schweigeminute. Gedichte. Zürich und München 1988.

Schneegedichte sind Legion, denn das weisse Flockengestöber bietet Raum für so manche Fantasie. Dennoch sind Erika Burkarts Verse einzigartig auf ihre Weise und enthalten in nuce die Grundzüge ihrer Imagination und Poetik.

Die Ausgangslage: Es schneit. Schnee verschleiert den Blick, die Welt. Das lyrische Ich aber macht sich genau jetzt auf die Suche nach einem Du, jetzt, wo Wege verloren gehen und das Sichtbare entschwindet. Was oder wen sucht es? Einen Geliebten, eine höhere Instanz? Den Geist der Natur selbst, der sich in Flüstern oder Nadelkämmen offenbart? Die Atmosphäre ist beseelt, auch wenn sich die Distanzen auflösen und die Landschaft nur andeutungsweise aufscheint, wie auf einer minimalistischen japanischen Tuschzeichnung. Stattdessen tun sich ungeahnte Räume auf: Himmel und Erde verschmelzen, jede Flocke wird zum «Sterngebein». Bei diesem Wort dürfte es sich um eine Kreation von Erika Burkart handeln: Sie verknüpft, was in unserer Vorstellung kaum zusammengeht, nämlich das Flackern eines Sterns mit einer knochigen Struktur. Das prägt sich bildhaft ein und verweist auf Burkarts Fähigkeit, mit leichter Hand kosmische Zusammenhänge herzustellen. Diese Zusammenhänge sind essenziell: Oben und Unten, Transzendenz und Immanenz korrespondieren, erscheinen als Teile eines grossen Ganzen. Und kaum je tritt solches sinnfälliger zutage als bei heftigem Schneefall: wenn ein weisses, lautloses «Nirwana» um sich greift, das ebenso trennt wie verbindet.

Der Schnee als Chance. Als Chance für eine fundamentale Erfahrung, die man als Begegnung mit einem ersehnten Du bezeichnen könnte, das sich gleichzeitig entzieht und offenbart. Ist dieses Du das Numinose schlechthin?

Auf dessen Spur wir uns oft genug verirren, ohne in unserer Suche nachzulassen? Und inwieweit ist die Natur selbst Teil dieses Numinosen? Zweifellos tendiert Erika Burkart zu einem Animismus sui generis, sie, die in ihrem Werk Blumen und Bäumen im Überschwang gehuldigt hat. Schnee, Nebel, Weiss als paradigmatische Zeichen des Numinosen. Da sie zugleich Leere verkörpern und Fülle, Farblosigkeit und alle Farben auf einmal, Transparenz und Opazität, Schwere und Leichtigkeit. Burkart nennt das Weiss zu recht «die älteste Farbe», weil sie alle anderen Farben beinhaltet. Und weil wir sie mit Licht assoziieren. Ja, das Weiss «brennt». Eine wunderbare synästhetische Formulierung, die am Schluss des Gedichts weitere Assoziationsräume auftut: Kälte (des Schnees) kann brennen, der Schmerz der vergeblichen Suche nach dem Numinosen kann brennen. Ohne explizit zu werden, belässt es die Autorin bei dieser starken Vokabel. «Sie brennt.» Die älteste Farbe der Welt brennt. Und mit ihr unser Schmerz wegen des unerreichbaren Ersehnten.

Schaut man sich die Reime an, so reimt sich «brennt» auf «trennt». Sicher kein Zufall, denn Erika Burkart wählt ihre Worte sorgsam, gerade dort, wo sie sie musikalisch verklammert. Ihre Kreuzreime strukturieren das vierstrophige Gedicht, setzen lautlich-semantische Akzente, indem sie kühn «Schneien» mit «Schreien», «finden» mit «Winden» liieren. Immer wieder kommt es zu subtilen Reibungen, etwa wenn vom Löschen des Schreiens die Rede ist. Feuer wird gelöscht, doch ein Geräusch? Die Synästhetikerin liebt es, Sinneswahrnehmungen neu zu kombinieren. Auch darin liegt der Reiz ihrer Poesie.

«Weiss» zeigt Erika Burkart *at her best*. Kein Wort zu viel, kein Wort zu wenig. Das Gedicht beginnt mit dem lakonischen Satz «Es schneit» und endet in ebensolcher Lakonie mit der Feststellung «Sie brennt». Dazwischen – als Motor des Ganzen – die Suche, deren Impetus sich gebremst und zugleich ermutigt sieht, weil alles Streben nach dem grossen «Du» in diesem Widerspruch gefangen ist. Ganz besonders an einem Schneetag, der Grenzen bis zur Unkenntlichkeit auflöst. Wir bewegen uns mit dem lyrischen Ich tastend durch neue Erfahrungsräume, wir suchen und finden und finden nicht. Aber wir sind bis in die Fingerspitzen hinein sensibilisiert. Und die Farbe Weiss brennt nicht nur, sie brennt sich uns ein.

Markus Hediger

Stets im Hier
und zugleich im Woanders

Über das feine Gespür für ihr Gegenüber

Bergung

Es schneit vor dem Fenster,
wo meine blauen Gefässe stehn;
sie fassen, was nirgends
Platz hat.

Jahrzeitstille –
erst an der Erde
betten die Flocken
sich ineinander.

So lautet ein Gedicht aus Erika Burkarts meisterhaftem, spätem Band *Die Zärtlichkeit der Schatten*[1]. Allein schon anhand dieser zweimal vier Verse kann aufgezeigt werden, was mit Hier und Woanders angedeutet ist. «Es schneit vor dem Fenster, / wo meine blauen Gefässe stehn». Erika Burkart wohnte

---

1   Erika Burkart: Die Zärtlichkeit der Schatten. Gedichte. Zürich 1991.

ihr Leben lang im Haus Kapf, der ehemaligen Erholungs-
residenz der Fürstäbte des aargauischen Klosters Muri. Sie
arbeitete in einem Zimmer im zweiten Stock. Dort empfing
sie, auf dem grüngepolsterten Biedermeiersofa sitzend, auch
die vielen Gäste, die in dem Dichterhaus ein- und ausgingen.
Das eine Fenster ging nach Norden, das andere nach Westen
über das Bünztal hinweg zur breiten Braue des Lindenbergs.
Die oben erwähnten blauen Glasgefässe standen zwischen
dem Innen- und dem Vorfenster ebendieses Westfensters, sie
waren also in der Vita der Schriftstellerin kartografisch und
geografisch zu orten wie überhaupt die meisten Dinge, von
denen in ihren Gedichten die Rede ist. Immer gab es ein Hier
(oder Dort), ein Jetzt (oder Einst), und dieses diente gleichsam als Ausgangspunkt für ein Weggehen in ein Woanders
oder in andere Zeiten. Und weiter heisst es: «sie fassen, was
nirgends / Platz hat». Hier tut sich etwas Geheimnisvolles
auf, ein neuer Raum, eine andere Dimension, eine Frage
auch, und zwar durch das Relativpronomen «was» (wobei
ein impliziertes, doch weggelassenes «das» vorausgeht). Wer
dieses Gedicht liest, muss die Fantasie zu Hilfe rufen, diesen
Raum, diese Dimension mit seinen eigenen Erfahrungen aus-
füllen, diese Frage für sich beantworten. Die blauen Gefässe
fassen, was nirgends Platz hat. Und was könnte in ihnen sein?
Das Unsagbare? Unerinnerte Träume? Das Vergessen? Der
Schmerz über einen Verlust? Das Alleinsein? Die Toten wo-
möglich? – Nach dem Wort «Jahrzeitstille», dessen Resonanz
durch einen Gedankenstrich am Ende des Verses noch gesteigert wird – der Gedankenstrich hat hier auch die Funktion
einer Fermate –, kehrt das Gedicht zu seinem eigentlichen
Thema zurück: dem Schneien, dem Winter. Die Schneeflo-

cken finden erst an (und nicht auf!) der Erde zueinander, verschmelzen ineinander, während sie in der Luft jede für sich alleine fallen, im Raum von den anderen getrennt.

Den Schluss- und Höhepunkt von *Die Zärtlichkeit der Schatten* setzt dann das Gedicht «Blau»:

Blau

Obgleich verloren der Stern
Erde eine esoterische Kugel.
Es werde Blau, sagte Gott und es ward
das Rätsel, das ihn verhüllt.

Schwarz ist das All,
doch blau die Sage davon.
Ins veraschte Blau tritt Orion,
wir schauen ihm nach und uns dürstet.

Blaue Gefässe.
Sie möchten ES fassen,
einholen im Kosmos und schöpfen,
als liesse, geliebt,
Licht sich verkörpern.

Keinen Schatten
werfen die schutzmantelblauen
Engel des Abends,
wenn sie hindurchgehn durch mich,
ist mir, ich lebe.
Die Hand an der Schläfe

55

wischt Blau zu Blau,
Gedanken so fern
wie die letzte Farbe:
am Horizont unter Wolken
ein Riss, hinüberzusehn.

Auch in diesem Gedicht ist die Autorin ganz im Dort und zugleich als Erdung ganz im Hier bei den Dingen, die sie um
sich herum wahrnimmt, auf ungewohnte Weise liest und
dann in Worte fasst. Erdung ist überhaupt ein Wort, das ihr
sehr wichtig war: Sprache, Gedichte müssten «geerdet» sein,
pflegte sie zu sagen, und nicht im luftleeren Raum schweben,
wobei der Schluss des Gedichts «Das Licht eine Wandersage»
aus *Stille fernster Rückruf* [2] dies bildhaft aufzeigt:

Erst wenn der Amberbaum Sterne trägt,
die Toten im Kopf
auferstehen in ihren Stimmen
und Nahe so nah sind,
dass meine Ferne die ihre nicht trübt,
kommen mir Worte,
in welchen ich mich erkenne,
abrufbar wie die Liebste,
bevor Orfeo sie erdet.

Ins Gedicht «Blau» fliessen Elemente aus dem Okkultis-
mus ein («Erde eine esoterische Kugel»), aus der Bibel oder
dem christlichen Glauben («Es werde Blau, sagte Gott und

2   Erika Burkart: Stille fernster Rückruf. Gedichte. Zürich 1997.

es ward / das Rätsel, das ihn verhüllt», eine anspielende
Abwandlung auf das Erste Buch Mose (Gen 1,3) sowie die
«schutzmantelblauen / Engel des Abends», ein Verweis auf
die Muttergottes wie auch die geflügelten Boten, die zwischen Gott und Mensch vermitteln), aus der Astronomie und
Mythologie («Schwarz ist das All, / doch blau die Sage davon. / Ins veraschte Blau tritt Orion, / wir schauen ihm nach
und uns dürstet», mit anderen Worten: Zum einen schauen
wir auf das Sternbild Orion, die wahrscheinlich bekannteste
Konstellation am Winterhimmel der Nordhalbkugel, zum anderen auf den rastlosen Jäger in den griechischen Sagen, der
durch die Weite schweift). Doch inmitten von all dem stehen
sie wieder, die irdisch blauen Gefässe vor dem Westfenster,
an denen man sicheren Halt und Orientierung finden kann,
einen Anker, der einen erdet. Und einmal mehr, als Pendant
zum Gedicht «Bergung» oder als dessen Erläuterung, ist der
Infinitiv des Verbes «fassen» zu lesen: «Sie möchten ES fassen, / einholen im Kosmos und schöpfen». Und ein weiteres
Mal steht hier, allerdings in Kapitälchen, das Akkusativpro-
nomen «es», was ihm eine Betonung und gleichzeitig etwas
Mysteriöses verleiht, weiss man doch auf Anhieb nicht so
recht, worauf dieses «es» anspielt: auf etwas, was wiederum
der Fantasie des Lesers überlassen ist, oder vielleicht doch
eher auf das nächste Nomen im Neutrum, drei Verse weiter
unten, auf das Wort «Licht»? Das Licht ist ein zentrales Motiv
in Erika Burkarts Werk und mit ihm verwandte Begriffe wie
Weiss und Schnee. Fungieren die blauen Gefässe in diesem
Gedicht gleichsam als Ort der Osmose, ausgestattet mit einer
durchlässigen Membran, die das Dort vom Hier trennt und
zugleich verbindet? Das Dort als das schwarze All, der Kos-

mos und das Hier als das Zimmer im zweiten Stock, in dem das Gedicht entsteht? Im Hier, wenn auch weiter weg, befinden sich aber auch der «Horizont unter Wolken» sowie der «Riss», wobei dem Riss, ähnlich wie den blauen Gefässen, die Funktion der Membran zukommt, welche die Schwelle, den Übergang markiert und die das Hinübersehen ermöglichen. Sich in den Gedichten, aber auch in der Prosa (und nicht zuletzt im Leben) sowohl im Hier als auch im Dort mit natürlicher, eleganter Leichtigkeit zu bewegen, ist Erika Burkarts angeborenes, tiefinneres Wesen, das es ihr ermöglichte, *weiter* zu sehen als nur bis an die Epidermis der Erscheinungen, tiefer in die Dinge, respektive in die Menschen hinein.

Davon zeugt auch der Text «Graue Aura», der in dem Prosaband *Rufweite*[3] erschien. Er gliedert sich in vier Teile, wobei jeder dem Andenken einer Freundin oder einem Freund der Autorin gewidmet ist. Der dritte Teil handelt vom letzten gemeinsamen Mittagessen mit Carl Seelig, dem grosszügigen Mäzen und Förderer, der immer in Eile war. Die Begegnung trägt sich in einem Restaurant zu, irgendwo in einer Stadt, hinter welcher unschwer Zürich zu erahnen ist. Seelig wirkt müde. «Immer wieder fielen ihm die Augen zu.»[4] Nach dem Essen begleitet die Erzählerin ihn zur Tür. «Nachdem wir uns verabschiedet hatten und S. bereits draussen vor der Tür war, drehte er sich nochmals um, ohne jedoch die Lider zu heben. Hinter der zerknitterten Pergamentmaske seiner Müdigkeit schien das leichenbleiche, wie in einem Nebel sich auflösende Gesicht zu schlafen. Von einer plötzlichen Angst gepackt,

3   Erika Burkart: Rufweite. Prosa. Zürich 1975.
4   A. a. O., S. 95.

wollte ich die Türe nochmals aufstossen. Da es jedoch eine lähmende Angst war, kam ich zu spät. Seelig hatte sich schon abgekehrt und war zwischen den Passanten untergetaucht.»[5] Die Erzählerin sieht auf der anderen Seite der Glastür, vor dem Hintergrund eines Schneetreibens draussen auf der Strasse, wenn auch schon «geistrig leer»[6], im wahrsten Sinne des Wortes C. S.s künftige Totenmaske («Pergament*maske*», «*leichen*bleich»). Wenige Wochen später erfährt sie tatsächlich vom Tod dessen, der die nunmehr berühmten und in zahlreiche Sprachen übersetzten *Wanderungen mit Robert Walser* verfasst hat.

Noch eindringlicher ist der vierte Teil, überschrieben mit «B.», bei dem es um ein scheues, fünfjähriges blondes Mädchen geht, dessen Mutter Kleider für die Erzählerin näht. Bevor diese sich verabschiedet, sagt sie zu Frau H., sie solle Sorge tragen zu diesem Kind, und wiederholt diesen Satz fast bittend. «Um Barbaras Kopf herum hatte ich etwas bemerkt, das sich nicht in Wort umsetzen lässt. Es wäre falsch, wollte man es einen Schein oder gar eine Aura nennen. Etwas Fahles, Fasriges war es gewesen, das ein Grauen in mir erregte, welches rasch in Grausen überging und mich bewog, meine Bitte ein drittesmal auszusprechen.»[7] «Schein» und «Aura» sind die Schlüsselwörter, mit denen die unheimliche Todesahnung umrissen wird. Denn wenig später wird das Mädchen bei einem schweren Autounfall aus dem Wagen geschleudert und ist auf der Stelle tot.

5   A. a. O., S. 96.
6   Ebd.
7   A. a. O., S. 98.

Ob es stimme, dass sie manchmal die Gesichter von Toten sehe, wollte ich anlässlich eines Besuchs bei der Dichterin
wissen. Erika Burkart sass in der linken Ecke des grüngepolsterten Sofas, die Hand ganz leicht an die Wange gelegt, und
brauchte nicht lange zu überlegen. Manchmal, wenn sie zu-
tiefst erschöpft sei, sagte sie, und in einem Dämmerzustand
dort liege – sie zeigte auf die mit Kissen bedeckte Couch, die
in dem dunklen Winkel zwischen Nordfenster und Westfenster stand –, ja, dann komme es mitunter vor, dass sie Gesichter sehe, die herbeischwebten, eine Weile vor ihren Augen
verharrten und dann wieder entschwänden. Das seien aber
nicht immer die Gesichter von Toten, sondern oft auch solche, die sie noch nie zuvor gesehen habe. Doch schon mehr
als einmal sei sie der Person, der dieses Gesicht gehöre, zwei
oder drei Wochen später dann irgendwo im wirklichen Leben
begegnet. Und oft, fuhr sie nach einem kurzen Schweigen
fort, fielen ihr in dieser äussersten Übermüdung auch Gedichte ein, Anfänge von Gedichten, ein paar Verse, vielleicht
sogar eine ganze Strophe, die sie dann mit Bleistift in einer
fast unleserlichen Schrift auf ein loses Blatt Papier schreibe,
um später daran weiterzuarbeiten.

Nach dem Fünfuhrtee mit Kuchen und dem anschliessen-
den, von der Gastgeberin zubereiteten Abendessen standen
Ernst Halter, Erika Burkarts Ehemann, und ich einen Stock
weiter unten in der Küche, er spülte das Geschirr, und ich
trocknete es ab. Die Schriftstellerin, erschöpft von einem
langen Tag des Schreibens, Arbeitens im grossen, alten Garten, Kochens und nicht zuletzt Diskutierens und Zuhörens,
hatte sich bereits ins Schlafzimmer zurückgezogen, doch sie
hatte mich gebeten, nochmals zu ihr heraufzukommen, be-

vor ich gehen würde, sie habe noch eine Frage an mich. Man schrieb das Jahr 1987, es war Herbst, ich war achtundzwanzig, ich steckte mitten im mühsamen, stockenden Schreibprozess meiner Lizentiatsarbeit, deren Sinn und Zweck ich nicht mehr sah, ich steckte aber auch in einer persönlichen Krise, das dreissigste Jahr lag gleich hinter der nächsten Wegbiegung, die erste Lebensbilanz wurde gezogen, und diese sah, meiner Meinung nach, sehr *durch*zogen aus. Doch damit wollte ich Erika Burkart eigentlich nicht behelligen. Als wir nach der Küchenarbeit dann nochmals in den zweiten Stock hinaufstiegen, rief Erika Burkart mich zu sich. Sie hiess mich auf der Bettkante Platz nehmen, während sie im Halbdunkel in einem weissen Kissen lag, das Gesicht von den blonden Haaren umrahmt. Unterdessen trank Ernst Halter im angrenzenden Schreib- und Besuchszimmer mit den blauen Gläsern einen Whisky, und etwas später hörte man ihn auf- und abgehen, wobei er das alte Parkett zum Knarren brachte. Wahrscheinlich rauchte er eine Zigarette. Was es denn sei, das mich beschäftige, wollte sie wissen, sie habe sehr wohl gespürt, dass da etwas sei, das mich bedrücke. Also erzählte ich ihr von meiner Schreibblockade beim Verfassen meiner Arbeit über Julien Green, überhaupt von meiner Schreibblockade in jeder Hinsicht, auch davon, dass ich schon so alt sei und es zu nichts gebracht hätte. Sie sah mich ernst aus ihren Augen an, von denen ich wusste, dass sie blau waren, obwohl sie mir dunkel erschienen, und meinte, das töne ja ganz nach einem Fluch, den müsse man bannen, und das könne sie, ja, das könne sie! Und auch vierunddreissig Jahre später kann ich mich noch ganz genau an die Geste erinnern, die daraufhin folgte, denn sie hat sich mir eingeprägt, denn sie hat sich mir tief ins Gedächtnis eingebrannt. Mit dem rechten Arm beschrieb die Dichterin aus dem Bett heraus eine spiralförmige Bewegung, die abrupt endete, wobei der ausgestreckte Zeigefinger abwärts wies Richtung Fussboden, wo die Verwünschung geerdet wurde. Ich kann nicht sagen, dass ein Blitz mich durchzuckte, auch nicht, dass es mir kalt den Rücken hinunterlief oder sich mir die Nackenhaare aufstellten, doch etwas ging mir durch den Leib, vielleicht war es auch die blosse Anwesenheit, die starke Ausstrahlung jener Frau, die da im Bett lag, in dem Zimmer, in dem aus dem Raum nebenan, wo Ernst Halter noch immer hin und her ging, nur ein schwacher, fast unmerklicher Schein hereinkam.

Wie auch immer: Wenig später löste sich diese Blockade, und ich schrieb meine Abschlussarbeit in wenigen Wochen zu Ende. Auch in meinem Fall hatte Erika Burkart ein feines Gespür für ihr Gegenüber gehabt, hatte weiter und tiefer gesehen als nur bis zur Oberfläche meiner Physis, auch wenn sie um mich herum glücklicherweise keine graue Aura wahrgenommen hatte. Noch manche Jahre war ich bei ihr und Ernst Halter zu Gast, oft auch als Hüter des Hauses, wenn das Schriftstellerehepaar irgendwo ein paar Tage Urlaub machte und ich mich für diese Zeit im Kapf häuslich einrichtete, um dort zu arbeiten und leben, und noch unzählige Male sass ich in dem Polstersessel mit dem Rücken zum Fenster, wo die «blauen Gefässe» standen und wo diese wohl auch heute noch immer stehen.

Manfred Papst

«Das Ausgesparte ist das Bewahrte»

Über einige religiöse Motive in den Gedichten und späten Notizen

Erika Burkart hat in ihren Gedichten, zumal in ihrer späteren Lyrik, zahlreiche religiöse Motive verwendet. Unterschwellig spielen sie eine eminente Rolle, und in der Summe ergeben sie ein faszinierendes Bild der philosophischen und theologischen Fragen, die diese bedeutende Autorin beschäftigten. Einigen von ihnen soll im Folgenden nachgegangen werden, unsystematisch und ohne Anspruch auf Vollständigkeit, sondern lediglich im Sinne eines Close Reading.

Wie sehr das Thema Erika Burkart beschäftigt hat, zeigt ein Notat aus ihren späten Aufzeichnungen, die ihr Lebensgefährte Ernst Halter drei Jahre nach ihrem Tod im Jahr 2013 unter dem Titel *Am Fenster, wo die Nacht einbricht* herausgegeben hat: «Gott, unsere unglückliche Liebe: als solche dauerhaft, ja ewig.»[1] Diesen Gedanken variiert die Dichterin mehrfach. Dabei verweist sie unmittelbar nach dem zitierten Satz auf Antonio Porchia (1885–1968), den argentinischen

---

1   Erika Burkart: Am Fenster, wo die Nacht einbricht. Aufzeichnungen, hg. von Ernst Halter. Zürich 2013, S. 292.

Dichter italienischer Herkunft, dessen auf Spanisch geschriebenes, auch ins Deutsche übersetztes Werk «Voces» sie kannte. Das «unerhörte Buch», schreibt sie, setze an «im Bodenlosen, dort, wo die Leere Festland wird für einen Geist seiner Tiefe und Weite – dieses Werk hat Wurzeln, denen nachzuforschen Schmerz und Glück zugleich ist»[2]. Der für sie entscheidende Satz Porchias lautet: «Mein Gott, ich habe fast nie an dich geglaubt, aber immer habe ich dich geliebt.» Diesen Satz verwendet Erika Burkart wörtlich in einem Gedicht, das 2005 im Band *Ortlose Nähe* steht und das als Schlüsseltext für ihr religiöses Denken gelten darf:

Ich komme nicht aus
ohne Hintergrund-Gott
(«Mein Gott, ich habe fast nie
an dich geglaubt, aber immer
habe ich dich geliebt.» A. P.),
Gestalter von Körpern jeglicher Art,
Errichter von Himmeln,
himmlischen Leeren,
Schöpfer von Zeit,
Räuber, Zerstörer von Zeitlichkeit.
Kein Trost, dieser Gott,
weniger als ein Bild;
in Abwesenheit eine All-Präsenz,
die Leben zulässt, Liebe,
deren Zeitlosigkeit im Schmerz.
Kriege? Verstehe ich nicht.

2   Burkart: Am Fenster, S. 292.

Kommen Menschen Gott näher,
konfrontiert mit dem Schnell-Läufer Tod?
Oder verlieren sie ihn, gottverlassen,
aus dem Bewusstsein
wie einen im Schlaf gewachsenen Stein?

Ein Unding, der gott-lose Mensch,
jeder hat, was mehr ist als er,
uneingestanden bezogen
auf eine begrenzte Absenz.[3]

Was hat es mit diesem «Hintergrund-Gott» auf sich, was mit der Dialektik von Glauben und Lieben? Im 23. und zweitletzten ihrer Notizhefte berichtet Erika Burkart von einer Lektüre der Evangelien, und zwar vom Abschnitt, in dem Jesus Maria Magdalena erscheint (Johannes 20,11–18): Sie schreibt:

Maria Magdalena beim Grabe. Er steht in ihrer Nähe, sie sieht ihn, erkennt ihn jedoch nicht. Er nennt sie beim Namen, und sie erkennt ihn. «Maria.» Dieses eine Wort in dieser Situation ist für mich ein Anruf aus einer andern Sphäre. Als ich diese Stelle las, musste ich weinen. Ich bin nicht gläubig, fühlte mich jedoch aufs Tiefste berührt bei dieser Begegnung. Kraft ihrer Liebe *sieht* die Frau den Toten, den «Auferstandenen», leibhaft: kein Schemen, eine sichtbar gewordene Seele.[4]

3 Erika Burkart: «Entgegnung». In: Ortlose Nähe. Gedichte. Zürich 2005, S. 29f.
4 Burkart: Am Fenster, S. 292.

«Ich bin nicht gläubig»: Andere Notate der Dichterin in ihren späten Aufzeichnungen lassen vermuten, dass es sich hierbei um den Glauben an das ewige Leben handelt, der so oft wie fälschlich mit dem Glauben an Gott gleichgesetzt wird: «Als Kind und junger Mensch glaubte ich an ein ewiges Leben, ein Glauben, den man – ein bohrender Schmerz – aufgeben muss nicht zugunsten eines bessern, wohl aber eines bittern Wissens.»[5] Dieser Abschied von den Hoffnungen früherer Jahre muss für Erika Burkart besonders schmerzhaft gewesen sein, weil ihre Glaubenswelt bis dahin nicht nur von biblischen Geschichten, sondern auch von frommen Legenden bevölkert war:

> Engel, habe ich mir als Kind vorgestellt, treten aus Büschen am Wegbord, schweben Treppen herab, kommen übers Wasser, blicken durch Fenster aller einsamer Häuser hinein oder heraus, erscheinen in Wolken, sind zu erkennen im Widerschein des melancholischen weissen Abendlichts in einem Waldtümpel.[6]

Auch im Gedicht «Die erste Schnuppe, die ich sah», einem zarten Gebilde von betörender Musikalität, erinnert sich Erika Burkart an die Magie der Kindheit, in der Sterne noch nicht von der Astronomie als massereiche, selbstleuchtende Himmelskörper aus sehr heissem Gas und Plasma beschrieben werden: «Sterne, die ich sah als Kind, /ahnungslos, was Sterne sind: /Aufgesteckt dem Baum der Welt / Licht über Licht, ein Gottesfeld?»[7]

---

5   Ebd.
6   Ebd.
7   Burkart: Ortlose Nähe, S. 40.

Sicher gehört der lapidare Satz «Ich bin nicht gläubig» in den Argumentationszusammenhang der unglücklichen – und das muss wohl heissen: unerwiderten – Liebe des Menschen zu Gott. Doch Erika Burkarts Denken, das stets eine Bewegung des Suchens und Hinterfragens vollzieht, ist nicht eindimensional. Die Dichterin glaubt, zweifelt, zagt, hofft doch wieder – und stets versucht sie, ihre augenblickliche seelische Verfasstheit ins Wort zu bannen. Dabei lässt sie auch Paradoxien zu. Sie nimmt sie nicht nur in Kauf, sondern sucht sie geradezu, gleichsam als letzte Bastion des überhaupt Sagbaren. Damit steht sie in einer Tradition, die sich von Augustin über Meister Eckhart bis zum Existentialismus des 20. Jahrhunderts zieht. Nirgends zeigt sich das deutlicher als in einem Notat, das Ernst Halter an den Schluss von Erika Burkarts Aufzeichnungen stellt, versehen mit dem Vermerk «Vorn ins Heft 24 gelegt, auf einem losen, karierten A5-Blatt, in zerrütteter Schrift, wahrscheinlich Herbst/Spätherbst 2009»:

> Gott allpräsent in seiner Absenz? Manchmal denke ich, ich träume, bin in einem Traum, bin unentrinnbar verwickelt. Keine Fluchtmöglichkeit. Das Erwachen wäre der Tod. – Wir wissen gar nichts. Unvorstellbar eine gottlose Welt. Wir leben von etwas, an das wir uns wider jede Wahrscheinlichkeit seines Seins klammern als an die letzte Hoffnung.[8]

Der als Abwesender allgegenwärtige Gott: Diese Vorstellung hat Erika Burkart immer wieder beschäftigt, sie hat sie direkt und indirekt ausgesprochen, wunderbar verknappt zum Bei-

8 Burkart: Am Fenster, S. 299.

spiel in den Gedichtzeilen «das Ausgesparte / ist das Bewahrte»[9].

Auch die Frage nach Traum und Wirklichkeit stellt sich ihr
immer wieder. Ihre zitierte Notiz erinnert an den berühmten
Schmetterlingstraum des chinesischen Taoisten Zhuangzi im
vorchristlichen Jahrhundert:

> Einst träumte Dschuang Dschou, dass er ein Schmetterling sei,
> ein flatternder Schmetterling, der sich wohl und glücklich fühl-
> te und nichts wusste von Dschuang Dschou. Plötzlich wachte
> er auf: da war er wieder wirklich und wahrhaftig Dschuang
> Dschou. Nun weiss ich nicht, ob Dschuang Dschou geträumt
> hat, dass er ein Schmetterling sei, oder ob der Schmetterling
> geträumt hat, dass er Dschuang Dschou sei, obwohl doch zwi-
> schen Dschuang Dschou und dem Schmetterling sicher ein
> Unterschied ist. So ist es mit der Wandlung der Dinge.[10]

Vom Glauben an ein ewiges Leben hat Erika Burkart sich in
ihren reiferen Jahren unter Schmerzen verabschiedet, die
Hoffnung aber bleibt:

> Glauben heisst meist nichts anderes, als wider besseres Wis-
> sen und Wissenwollen sich unverantwortbaren Versprechun-
> gen offenhalten, womit dann das Glauben bereits zum Hoffen
> wird und als solches «leben helfe», wie die Gläubigen sagen.[11]

9   Erika Burkart: «Sprachgrenze». In: Stille fernster Rückruf. Zürich
    1997, S. 14.
10 Zhuangzi: Das wahre Buch vom südlichen Blütenland. Überset-
    zung von Richard Wilhelm. München 1912, Kapitel II.12.
11 Burkart: Am Fenster, S. 296f.

Auch hiermit steht die Dichterin in einer langen Tradition: Sie beginnt mit Augustins «Credo quia absurdum» und führt bis zu Ernst Blochs Hauptwerk *Das Prinzip Hoffnung*, in dem, wie schon der Titel andeutet, die Hoffnung nicht mehr als unwillkürliche seelische Regung, sondern als Willensakt und – durchaus auch trotzige – Haltung beschrieben wird.

Erika Burkart sieht in ihren späten Notizen die Religion als ein «urtümliches Bedürfnis» des Menschen: «Unter den waltenden Umständen ist die Sehnsucht nach Gott so natürlich wie Hunger.»[12] Religionen sind «[a]ls Sinnbilder und Ideen [...] ein Zuspruch, dessen der Mensch in seiner Verlorenheit dringend bedarf, folglich von existentieller Wichtigkeit»[13]. Dieser Satz erinnert an die Wendung von Karl Marx, die der berühmten Formel, Religion sei Opium für das Volk, vorausgeht: Sie ist «der Seufzer der bedrängten Kreatur». Über die Existenz Gottes ist damit freilich nichts gesagt; sie lässt sich nicht aus der Sehnsucht des Menschen nach ihr ableiten.

Auch wo Erika Burkart nicht explizit und spezifisch christlich argumentiert, ist sie geprägt von der Sprache und Bildwelt der Bibel, die sie «[m]it all ihrem psychotischen Irrwitz, ihren grossartigen Visionen, weisen Mythen, gewaltigen und ergreifenden Geistes- und Bilderwelten» für «eines der grossen Menschheitsbücher» hält, «offen in die Zeiten, die Zeit».[14] Und sie erinnert sich daran, dass sie jahrelang Religionsunterricht erteilt hat, «immer wieder betroffen und er-

12 A. a. O., S. 293.
13 Ebd.
14 A. a. O., S. 294.

griffen von der unausschöpfbaren Substanz der biblischen Geschichten, der «Botschaft», die ein aufrechter Mensch weitergibt durch seine Art zu sein, dazusein, auch für die andern.»[15] Als «Herz- und Kernwort» der Bibel sieht sie das «Gebot der Menschenliebe, die, in Tat umgesetzt, auch heute von Millionen Menschen *gelebt* wird»[16]. «Einen Nächsten», sagt sie an gleicher Stelle, «kann man nur verstehen, wenn man sich auf sein Wesen, seine Interessen liebevoll einlässt. Christus hörte die Menschen an, bevor er lehrte.»[17] Ob die Liebe eine primäre oder eine sekundäre Kraft ist, lässt sie dabei im Gedicht offen: «Reflex oder Strahlung? / Die Liebe ist / ein astronomischer Gott.»[18]

In ihrer späteren Lyrik umkreist Erika Burkart den Gottesbegriff in immer neuen Denkbewegungen, die bei aller Dringlichkeit etwas Spielerisches haben. Es geht um Erkundungen, nicht um Feststellungen. Das zeigt sich schon in der Art, wie sie das Wort «Gott» verwendet: Bisweilen steht es absolut, also ohne Artikel, dann wieder tritt uns «der Gott»[19] oder «ein Gott»[20] entgegen, mit oder ohne Attribut – es gibt

15 Ebd.
16 Ebd.
17 A. a. O., S. 294f.
18 Burkart: «Die Trennung». In: Stille fernster Rückruf, S. 44.
19 Erika Burkart: Langsamer Satz. Gedichte. Zürich 2002, S. 49 und Erika Burkart: Die Zärtlichkeit der Schatten. Gedichte. Zürich 1991, S. 63.
20 Erika Burkart: Sternbild des Kindes. Gedichte. Zürich und München 1984, S. 26 und Erika Burkart: Das Licht im Kahlschlag. Gedichte. Zürich und München 1977, S. 71.

zum Beispiel einen «alten Gott»[21], einen «älteren Gott»[22], gelegentlich tauchen sogar, wohl als Reverenz an die antike Geisteswelt, «die Götter» oder nur «Götter»[23] auf.

Eine Formel von unergründlicher Gedankentiefe findet die Dichterin schon im Band *Die weichenden Ufer* von 1967: «Das All: Gottes Schatten im Nichts.»[24] Diesem ungeheuren, an Sätze, wie sie uns in der mittelalterlichen Mystik bei Angelus Silesius begegnen, erinnernden Gedanken stehen in dieser Werkphase noch zahlreiche leichtgewichtigere Formulierungen gegenüber. Es fällt auf, dass Erika Burkart gerade im Band *Die weichenden Ufer* noch weit öfter von Göttern und Engeln spricht. Je rarer die Worte in ihren späteren Gedichten werden, desto sorgsamer scheint sie die Worte zu wägen.

«Verloren ist Gott im Raum. / Ihn suchen die Menschen der Erde»[25]: In mehreren Gedichten taucht das Bild des verborgenen, abwesenden Gottes auf, und die Bewegung geht nur in eine Richtung: Das lyrische Ich hat sein «Ohr an den schalldichten Mauern um Gott»[26]. In der «Nacht ohne Türen» sind Augen «Fenster zu Gott»[27]. Den Kerngedanken, der ihr bei Antonio Porchia wieder begegnen wird, nimmt sie schon hier auf: «Lieben ist eine Weise zu fragen. / Wenn

21 Erika Burkart: Schweigeminute. Gedichte. Zürich und München 1988, S. 82.
22 A. a. O., S. 86.
23 Erika Burkart: Die weichenden Ufer, Gedichte. Zürich und Stuttgart 1967, S. 19, 53 u. a.
24 A. a. O., S. 36.
25 Burkart: Langsamer Satz, S. 81.
26 Burkart: Die weichenden Ufer. S. 73.
27 A. a. O., S. 14.

du noch Götter zu finden hoffst, liebe.»[28] Während in diesem
Vers von keiner bestimmten Religion zugeordneten Göttern
im Plural die Rede ist, verwendet das Gedicht «Das Gewit-
ter»[29] spezifisch christliche Bilder. Es nennt Maria und das
Jesuskind zwar nicht namentlich, aber aus dem Kontext –
«Bitte für uns», «schutzmantelstark» – ist klar, was gemeint
ist. Das Gedicht setzt mit einem Doppelvers ein, der das
Wissen gegen den (Aber)-Glauben zu setzen scheint: «Man
weiss, wie der Donner entsteht. / Nur Hunde glauben, Gott
grollt.» Nach dem Blitz, der jedem seine eigene Hölle zeigt,
setzt sodann der erlösende Regen ein. Überwunden ist die
Furcht («Die Angst ist eine verschlossene Höhle»), jetzt sei
es nicht mehr gefährlich, sagt die Mutter dem Kind: «Den
zerfetzten Himmel webt neu, / schutzmantelstark, / ihre
Stimme.»

Im ersten Gedicht des Bands *Das Licht im Kahlschlag* zeigt
sich Erika Burkarts Gabe der synästhetischen Wahrnehmung.
Die Sonne «tönt», und zwar anders, «[i]m Nebel, der ihren
Klang verwandelt», und es gilt, zu «[b]eten, bevor sie befleckt
ist». Das aber geschieht durch «Vokale, / wilde und scheue /
Rufnamen Gottes, / wenn am Fensterkreuz / das Licht aufer-
steht.»[30] Hier spielt die Dichterin wohl darauf an, dass in den
semitischen Sprachen, namentlich im Hebräischen und im
Aramäischen, das die Bibel verwendet, die Vokale nicht geschrieben werden. In der Schrift tauchen sie nicht auf, wohl
aber in den mündlichen Anrufung Gottes, wo sie «wilde und

---

28 A. a. O., S. 53.
29 A. a. O., S. 46.
30 Burkart: «Hauch». In: Das Licht im Kahlschlag, S. 7.

scheue Rufnamen Gottes» formen. Diese Appellation wird damit als lebendigere Form des In-Beziehung-Tretens charakterisiert, als es der starre Buchstabe sein kann. Und wenn es schon Buchstaben sein müssen, dann gern solche, mit denen sich spielen lässt, wie das Gedicht «Einschlafsequenzen» im Band *Schweigeminute* belegt:

> *Sator Arepo tenet opera rotas*
> *... mit Mühe hält*
> *der Sämann Arepo die Räder.*
> *Ich lese den Satz*
> *von hinten nach vorn,*
> *Gott versteckt sich darin, der sich müht*
> *die rasenden Sonnen im Zaum zu halten.*[31]

Ein zentraler Begriff der Mystik ist das «Nunc stans», das «stehende Jetzt», eine Umschreibung der Ewigkeit. Der Gedanke findet sich schon bei Platon, der die Zeit als bewegtes Bild der Ewigkeit beschreibt. Im christlichen Mittelalter nimmt Thomas von Aquin die Idee auf; sie entfaltet sodann eine mächtige, verzweigte Wirkungsgeschichte. Erika Burkart nimmt sie in ihrem Gedicht «Blindensonne» auf:

> *Gott*
>
> *Wo alles*
> *was je gewesen*
> *was jetzt existiert*

31 Burkart: Schweigeminute, S. 27.

und was sein wird
gleichzeitig immer
anwesend ist.[32]

In der Gleichzeitigkeit des Ungleichzeitigen zeigt sich Gott. Aber auch diese Vorstellung ist für die Dichterin nur eine unter verschiedenen, und sie ist abhängig von der jeweiligen Verfassung des Menschen. Im Gedicht «Mein Nächster» heisst es: «Auch Sterne scheinen zuweilen nahe, / selbst Gott, wenn wir ihn / mit einer guten / Stunde verwechseln.»[33] Gott und die Sterne *scheinen* nur zuweilen nah zu sein: Das impliziert, dass sie uns in Wirklichkeit fern sind und bleiben. Die Wahrnehmung ihrer Nähe ist nur eine Illusion, eine Verwechslung: Sie trägt nicht über die eine gute Stunde hinweg. Mitunter äussert sich die Dichterin auch zeitkritisch:

Ausgestiegen
aus dem Geschäft der Religionen
ist Gott
eine astronomische Grösse.
Meister anonymer Felder,
der seine Werke vergisst.[34]

32 Burkart: Das Licht im Kahlschlag, S. 51.
33 Erika Burkart: Die Freiheit der Nacht. Zürich und München 1981, S. 18.
34 Erika Burkart: «Zerfetzte Zeit». In: Geheimbrief. Gedichte. Zürich 2009, S. 26.

Engel bleiben in Erika Burkarts Einbildungskraft auch gegen-
wärtig, nachdem sie sich von ihrem Kinderglauben verabschiedet hat. Sie verwandeln sich aber:

Seine Metamorphosen
vom Abbild zum Inbild.
Wach sein, wenn Es Gestalt wird. [...]

Aus dem Ofen kratze ich Asche,
wische Staub, des Engels
mobile Präsenz.[35]

Staub und Asche als Signa des Lebendigen, gar des verborgenen Gottes beschäftigen die Dichterin in ihrer späten Lyrik
immer wieder. In «Später Falter» schreibt sie:

Flüchtige Ewigkeit, wenn am Pfahl
der Schatten steigt –, die Absenz
eines Falters die Stelle markiert,
wo der Gott vorbeikam,
vibrierender Staub.[36]

Leerstellen und Wunden sind die verbliebenen Zeugen für
das, was uns fehlt und wonach wir uns sehnen:

An ihren Wunden
erkennbar die Erde,

35 Burkart: «Der Engel». In: Stille fernster Rückruf, S. 15.
36 A. a. O., S. 20.

Spiegel die Flüsse dem Sternenfluss,
wo sie versiegen die Wüste
Gottes Spiegel und leer.[37]

Oder, weiter verknappt: «Finsternis. Blendung. Getöse. / Der in der Formel / verborgene Gott.»[38] Ein so düsteres wie eindrückliches, auch verwirrendes Bild existenzieller Verlorenheit findet Erika Burkart im Gedicht «Gestürzter Engel»:

Aus einer Wolke gefallen
liegt er aufgebahrt
in den eigenen Flügeln.

Keine Botschaft gebracht,
keinen Auftrag weitergegeben,
die Erde nimmt ihn nicht an.

Zurückholen wird ihn der Himmel,
bevor ihr euch auskennt
in seinem gelben
Schnabelgesicht.[39]

Offen bleibt hier, ob der Engel ein im biblischen Sinn gefallener Engel ist, einer, der für seine Auflehnung mit der Vertreibung aus dem Himmel durch Gott und seine übrigen Engel bestraft wird und fortan zum Luzifer oder Satan, also zum

---

37 A. a. O., «Leermond», S. 23.
38 A. a. O., «Mit zwei Worten», S. 77.
39 Burkart: Die Freiheit der Nacht, S. 31.

personifizierten Bösen wird – oder ob er bloss durch sein Ungeschick «aus einer Wolke gefallen» ist. Dass er in den eigenen Flügeln aufgebahrt ist, deutet darauf hin, dass er auch im Tod allein bleibt und keinerlei Zuwendung erfährt. Er ist ein Niemand, verloren zwischen Himmel und Erde, der keinen Auftrag erfüllt hat, und den deshalb auch die Erde nicht annimmt. Zurückholen wird ihn dann doch der Himmel – zu welchem Ende, wird nicht gesagt.

Auf wundersame Weise geht in Erika Burkarts lyrischer Welt gleichwohl nichts verloren, und alles hängt mit allem zusammen. Der Schnee ist eine Botschaft vom Himmel und kündet von früherem Leben, «Zeichen öffnen die Zeit»[40]. Besonders sinnfällig zeigt sich das im Ernst Halter gewidmeten Gedicht «Relikt»: «Im Garten gefunden / zerraufte zerzauste Federbüschel – / Schicksal eines Engels, / unbesungen / vermerkt im Nachtbuch / der Schöpfung.»[41]

Das mehrdeutige Wort «Zeichen» führt Erika Burkarts in ihrem Todesjahr erschienener Gedichtband *Das späte Erkennen der Zeichen* schon im Titel: Geht es dabei um Zeichen am Himmel, um Winke des Schicksals, oder geht es um Schriftzeichen, die sich den Lesenden nicht länger verschliessen? Alles schwingt mit in dieser Zeichen-Sprache des Gedichts «Der Schatten», das etliche Gedanken, die uns in dieser kleinen Betrachtung begegnet sind, nochmals sammelt:

40 Burkart: «Schnee». In: Ortlose Nähe, S. 80.
41 A. a. O., S. 44.

Wenn dir dein Schatten
zeichenhaft ist geworden
als einer, der sich trennte von dir,
darfst du ihm nicht folgen,
folge ihm nicht, lass ihn gehn,
auch wenn er zurückblickt,
winkt wie ein Liebster,
bleib standhaft in deinem Körper,
wende dich ab,
Mensch, Narr deiner Hoffnung,
wähnend, du seist andrer Natur –
Kind eines Gottes in hundert,
in keinen Gestalten,
der nicht will erkannt sein,
haucht er dich an, ein Wehen
nicht aufzuhalten.[42]

42 Erika Burkart: Das späte Erkennen der Zeichen. Gedichte. Frankfurt a. M. 2010, S. 44.

Kind und mehr sein

Über Erika Burkarts *Familienballade*

Familienballade

Ich wurde geboren im Jahr
neunzehnhundertundzweiundzwanzig.
Die Bise blies, und es schneite
in kargen, trockenen Flocken.

Vor meinem Vater hatte ich Angst.
Seine Augen waren moosgrüne Steine.
Im Rausch hat er die Katze erschossen
und Türen vernagelt nach Mitternacht.

Rechnungen hat er ungern bezahlt.
Er spiesste sie an den Fleischerhaken
unter dem Rahmen, der leer war,
weil er das Bild (ein Totenschädel und handgemalt)
eingetauscht hatte für Schnaps.

Als er im Sterben lag, hat die Mutter
an seinem Bett Kastanien geschält.
Von den Jagdgründen sprach er,
den hiesigen und den andern,
und dass ihn der Indio selten gekränkt.
Vornehme Menschen, sagte er heiter,
sie ehrten den Gast und verehrten das Licht.

Der Rücken des Toten
zeigte die faustgrosse Wunde,
über die er sich nie
geäussert hatte.
Auf seinen Wunsch blieben die Hände
mit den Krallen bewaffnet, von welchen man sagt,
dass sie auch nachher noch wachsen.
Der Kopf des Verstorbnen war klein,
ähnlich dem peruanischen Schrumpfkopf,
den er, an Sonntagmorgen,
uns hatte sehn und berühren lassen.

*

Die Mutter, die mir den Mut
zur Liebe vererbt hat, nannte das Leben
einen Strom, der auch Nichtschwimmer trägt.
Ihr Blick, mit einem Schatten von Sorge
am Lidrand und zwischen den Brauen,
ist hell geblieben von Nachsicht.
Wenn wir schlafen, bügelt und bäckt sie.
Das rot erleuchtete Küchenfenster

(ein Quadratmeter Land vom Land, das wir suchen)
seh ich von überallher.

Unerschöpflich ist ihre Kunst,
Gold zu spinnen aus Stroh.
– Eines Abends, sie hatte
fünfzig Hemden geflickt für die Irren,
las sie Bobrowskis «Antwort» –: «du lebtest
von Fremdem.»

*

Von meiner Schwester glaub' ich zu wissen,
dass sie mich besser versteht, als sie zugibt.
Meine Schwester leidet wie ich
am Heimweh nach der älteren Heimat.
Sie kennt die Instanzen, die uns für eine
hungernde Katze verantwortlich machen,
doch setzt sie sich auch für die Mäuse ein.

Unter dem Knoten ihr Herz
ist ein Nest vibrierender Vögel.

*

Ich habe, wie jedermann, Träume,
die sich von Zeit zu Zeit wiederholen.
Gewisse Strahlungen treffen mich nur,
wenn ich allein bin – und wenn ich noch wachse,
geschieht es in Zellen, die wund sind.

Ich lernte beim Messer zu schlafen,
das schneidend heilt, bevor es zu spät ist.

Schwierig im Umgang mit Sätzen,
am Silbenbrunnen
zu keinem Gebrauch mehr
bestimmter Wörter,
dennoch redend,
hier, Echolaute der Frage von dort.
Nicht zu worten die Antwort.

Auch sie
weitergegeben,
nach keinerlei Übereinkunft,
an einen, in dem sich das Schweigen
ein neues Gehör schafft.

Noch immer begegnen mir Menschen.
Auf meiner Schulter die Hand
rührt die Stelle an, wo der Flügel keimt.

I. Die Familie

Mit der Ballade – dem mehrstrophigen erzählenden Gedicht –
kommen die Geschichten.[1] Mit einer Familienballade kommt
demnach eine Familiengeschichte. Erika Burkarts Gedicht «Fa-

---

1   Vgl. Wulf Segebrecht: Deutsche Balladen. Gedichte, die dramati-
    sche Geschichten erzählen. München 2012.

milienballade», erstmals erschienen im Band *Die Transparenz der Scherben* (1973)[2], entfaltet eine familiäre Konstellation, die in mehrfacher Hinsicht gewichtet ist. Die betreffende Familie wird, formal gesehen, von innen besichtigt, von einem Ich, das dieser angehört und von Anfang an, im ersten Wort, das Wort ergreift. Was immer wir von der betreffenden Familie erfahren, wir erfahren es in der Brechung an diesem Ich. Diese diskursive Zentralstellung – das Ich als Vermittlungs- bzw. Erzählinstanz – bildet sich allerdings nicht gleichermassen deutlich in dem ab, was das Ich vermittelt. So deutlich es das Wort ergreift, um sich selbst einzuführen, so deutlich wird die nähere Entfaltung seiner Identität aufgeschoben. Aufgrund der diskursiven Anlage ist das Gedicht Familien- und Selbstporträt zugleich. Im Blick auf die Erzähldynamik, die Entfaltung des Erzählten, gilt aber genau diese Abfolge: Die Familie steht vor dem Ich. Erst im vierten und letzten Abschnitt richtet sich dessen Aufmerksamkeit in einem starken Sinn auf sich selbst; die drei ersten Abschnitte gelten den anderen Familienmitgliedern. Entsprechend der Teilnehmendenperspektive der Ich-Instanz geht diese Vorstellungsrunde mit klaren Gewichtungen einher, die quantitative und qualitative Momente verknüpfen. Der eröffnende Vater-Abschnitt weist fünf zunehmend umfangreicher werdende Strophen mit insgesamt 31 Zeilen auf; der folgende Mutter-Abschnitt fällt mit zwei Strophen bzw. 16 Zeilen deutlich kürzer aus; der Schwester-Abschnitt mit seinen gleichfalls 2 Strophen bzw. 9 Versen ist noch kürzer. Erst der vierte und letzte Abschnitt, dem Ich selbst gewidmet, gewinnt

2 Erika Burkart: Die Transparenz der Scherben. Zürich und Köln 1973, S. 31–33.

wieder an Umfang; seine 4 Strophen umfassen insgesamt 22 Verse. Diese quantitativen Verhältnisse geben einen ersten Hinweis auf die familiäre Konstellation bzw. die Position der Ich-Instanz in diesem Gefüge. Diese Konstellation und ihre finale Überschreitung sind nun genauer nachzuzeichnen.[3]

II. Der Vater

Mit dem ersten Vers wird eine chronologische Ordnung etabliert. Das Ich setzt mit dem frühestmöglichen Zeitpunkt einer autobiografischen Erzählung in engeren Sinn ein: seiner Geburt. Auf dieses *factum brutum* folgt eine spezifische szenische Ausgestaltung. Die Geburt – zwar selbst erfahren, dem aktiv erinnernden Zugriff aber entzogen – wird mit einem zweiteiligen Naturbild gekoppelt, der blasenden Bise und dem karg-trockenen Schneien. Auch dieses autobiografische Wissen um Wetterbedingungen verdankt sich aber nicht einer unmittelbar verfügbaren Erinnerung, es

---

3   Mit diesen einleitenden Hinweisen deutet sich bereits die Stossrichtung der vorliegenden Interpretation an: Sie bewegt sich in einem erzähltheoretischen Horizont, dies aber in einer offenen Form, die zugleich Einsichten aus dem Umfeld der Autobiografieforschung und den Diskursen um die narrative Identität aufnimmt. Exemplarisch zu diesem theoretischen Hintergrund: Peter Hühn: Facing loss and death. Narrative and eventfulness in lyric poetry. Berlin 2016; Jörg Schönert et al.: Lyrik und Narratologie. Text-Analysen zu deutschsprachigen Gedichten vom 16. bis zum 20. Jahrhundert. Berlin 2007; Gabriele Lucius-Hoene und Arnulf Deppermann: Rekonstruktion narrativer Identität. Ein Arbeitsbuch zur Analyse narrativer Interviews. Wiesbaden 2019.

wird aus familiären Erzählungen rückprojiziert. Dieses Moment der rückprojizierenden Artikulation fremder Erfahrungen mag nebensächlich anmuten. Es gewinnt aber erheblich an Bedeutung, macht man sich klar, dass die Geburt nur in dieser umwegigen Weise als genuin soziales Ereignis ausgewiesen wird. Für sich genommen kommt hier ein Lebensanfang nicht als markanter Einschnitt innerhalb eines involvierten familiären Milieus zur Darstellung; das Ich erscheint vielmehr als einsames, das qua szenische Rahmung stärker der Natur als der menschlichen Umgebung zugewandt ist.

Mit den folgenden Strophen verschiebt sich der Fokus jedoch erheblich. Die Aufmerksamkeit richtet sich nun ganz auf den Vater. Das retrospektiv erzählende Ich zeigt das erzählte Ich auf einer späteren Zeitstufe in seiner Tochter- oder Sohn-Identität.[4] In gewisser Entsprechung zur Absenz der Eltern in der ersten Strophe wird der Vater zunächst über die Beziehungsdimension eingeführt: «Vor meinem Vater hatte ich Angst.» Diese indirekte Charakterisierung wird in der Folge durch direkte Beschreibungen breit entfaltet. Der Vater kommt als Mann zur Darstellung, der vielfältig Anlass gibt, sich vor ihm zu ängstigen: Er ist ein Trinker und neigt zumindest im Rausch zur Gewalttätigkeit, sein Alkoholismus hat

4 Aufgrund des Geburtsjahrs 1922 und der impliziten Datierung in die Wintermonate mag man dazu neigen, das Ich als weibliches wahrzunehmen, analog zum Geschlecht der Autorin, die am 8. Februar 1922 geboren wurde. Der Text selbst gibt in dieser Hinsicht aber keine Hinweise. Dieses wie anderes extratextuelles Wissen, das eine autobiografische Interpretation nahelegt, spielt für die folgende Darstellung jedoch keine Rolle.

Priorität vor familiären Ausgaben. Die rapportierten Schlaglichter zeichnen ein Lebensbild, das ganz im Zeichen von Gewalt und Tod steht. Die unbeliebten Rechnungen werden nicht irgendwo verwahrt, sondern an einem «Fleischerhaken» aufgespiesst. Der Vater besitzt ein Memento-mori-Bild, von dem er sich für Schnaps trennt. Wichtiger als dieser emblematische Tausch scheint aber die Gestaltung des Erzählvorgangs selbst: Die Darstellung der biografischen Episoden erfolgt zu einem wesentlichen Teil eingebettet im Bild seines Sterbens bzw. Tot-Seins. Erst in der Rahmung der Sterbeszene wird ein gewichtiger früherer Lebensabschnitt evoziert, nämlich ein Aufenthalt in Südamerika. Dass der Vater «den Indio» und dessen Jenseitsvorstellungen schätzt, wird deutlich. Dass er von ihm «selten gekränkt» und als Gast verehrt wurde, erklärt aber nicht nur diese Wertschätzung; die Aussage lässt auch auf nicht seltene Kränkungen und einen eher schweren Stand unter den «Hiesigen» schliessen. An dieser Stelle findet sich der einzige Originalton des Vaters, und dies in seiner erzählpraktisch unmittelbarsten Form, der direkten Figurenrede: «Vornehme Menschen, sagte er heiter, / sie ehrten den Gast und verehrten das Licht.» Der direkte wie der vermittelte Rapport der Reden der Vaterfigur durch die kindliche Erzählinstanz lassen aber keinen eindeutigen Schluss auf deren zeitliche Verortung zu. Durch die Erwähnung der «Jagdgründe» liegt es nahe, sie zumindest auch in die Sterbeszene selbst zu datieren. Interpretiert man in diesem Sinn, wird die biografische Erzählung mit einem relativ positiv-versöhnlichen Ende versehen. Unabhängig von der Datierungsfrage steht fest: Die positive Szene einer wechselseitigen Wertschätzung von Gastgebern und Gast verdrängt nicht die Vorzeichen von

Gewalt und Tod, die das Biogramm grundieren. Der Rücken des Toten – auch im Vater-Strang schreitet die Erzählung chronologisch fort – zeigt eine «faustgrosse Wunde», deren Ursache zu Lebzeiten nie benannt wurde. Dass von einer «Wunde» (und damit von einer akuten Verletzung) und nicht von einer «Narbe» (einer historisch gewordenen Verletzung) die Rede ist, korrespondiert mit dem unmittelbar folgenden Wunsch des Vaters, noch postmortal mit den «Krallen», seinen Fingernägeln, bewaffnet zu bleiben. Was auch immer die betreffende Verletzungserfahrung gewesen sein mag, sie wird durch die leibhaftige Wunde wie durch den symbolischen Bewaffnungswunsch als gravierend ausgewiesen. Im Blick auf die Differenz wie das Zusammenspiel von Figuren- und Erzählerperspektive ist aber gerade die Rede von «Krallen» von Bedeutung: Ordnet man die Wortwahl der Figur zu, bestätigt sie die genannte Charakterisierung – der Vater ist ein gefährdeter Kämpfer in einer grundsätzlich feindlichen Welt – auch aus der Selbstdeutung des Vaters; sieht man sie hingegen als Element der erzählerischen Überformung des figuralen O-Tons, werden die Krallen zu einer signifikanten Fremddeutung des erzählenden Kindes. Von der Todesnähe des Vaters zu Lebzeiten zeugt schliesslich auch ein Mitbringsel aus jener Lateinamerika-Zeit: der peruanische Schrumpfkopf, den der Vater den Kindern am Sonntag zeigt. Wie sich der Vater den Indios und ihren Jenseitsvorstellungen verbunden fühlt, so wird das Ich vom kleinen Kopf des Verstorbenen an jenen Schrumpfkopf erinnert. Diese erinnerungswirksame Ähnlichkeit verstärkt denn aus der Perspektive des Ich noch einmal die väterliche Priorität der «anderen» über die «hiesigen»: Während der Vater das Bild des Totenschädels in seine

Sucht investiert, behält er den echten Schrumpfkopf bei sich, obwohl der Verkauf dieser exotischen Rarität wohl deutlich mehr Geld eingebracht hätte. Wenn der Kopf des toten Vaters das Ich nun an jenen Schrumpfkopf erinnert, wird der Vater selbst zu einem «anderen»: zu einem exotischen biografischen Relikt, das durch die Schrumpfung an Bedrohlichkeit verloren hat.

III. Die Mutter

Mit der Darstellung der Mutter werden deutlich andere Koordinaten wirksam. Hat der Vater eine Geschichte, die eine historische Gegenwart überschattete, so hat die Mutter eine Gegenwart, die Zukunft eröffnet.[5] Das zeigt sich nicht nur im ihr gewidmeten Abschnitt; es kündigt sich bereits in der Weise an, wie sie im Vater-Abschnitt eingeführt wird. Die Mutter erscheint schon hier als zugewandte und lebenstüchtige Person, die selbstverständlich tut, was zu tun ist. Sie begleitet den Vater in seinem Sterben, kümmert sich aber zugleich um die Lebenden, indem sie Kastanien schält. Damit vollzieht sie vorgängig *in praxi*, was im Mutter-Abschnitt dann ausdrücklich als ihre Grundhaltung benannt wird: Sie hat selbst «den Mut zur Liebe» und kann diese Haltung auch in die nächste Generation vermitteln. Sie sieht das Leben als «einen Strom, der auch Nichtschwimmer trägt» – etwa ihren Mann, der

91

---

5 Dieses positive intratextuelle Porträt korrespondiert extratextuell mit dem Umstand, dass der gesamte Band *Die Transparenz der Scherben* der Mutter der Autorin gewidmet ist. Vgl. a. a. O., 3 [unpag.].

durch seine Sucht und Todesnähe ein Nichtschwimmer eigener Art ist. In dieser Überzeugung steht die Mutter fest, auch wenn sie ihren Preis hat, das heisst von der faktischen Realitätserfahrung herausgefordert wird. Das zumindest bildet sich für die zurückblickende Erzählinstanz ab in ihrem Blick, der trotz grösserer und genau lozierter Sorgenschatten «hell geblieben [ist] von Nachsicht».

Diese positive Darstellung wird in der folgenden Strophe gleich doppelt durch literarische Bezüge artikuliert. Die Fertigkeit zur Aufwertung von Minderwertigem animiert das Ich zur Überblendung der Mutter mit der schönen Müllerstochter aus dem *Rumpelstilzchen*-Märchen (wobei sie freilich eine Müllerstochter ist, die gerade keinen dubiosen Handel mit Rumpelstilzchen braucht, um ihre unerschöpfliche Kunst zu tun). Auf diese allgemeine Charakteristik folgt eine Exemplifikation, die zugleich das metaphorische Feld des Spinnens ins Eigentliche rücküberträgt: Die Mutter, die für die Irren Hemden geflickt hat, liest Johannes Bobrowskis Gedicht «Antwort». Das Zitat, das den Abschnitt beschliesst – «du lebtest / von Fremdem» –, stammt allerdings nicht, wie man intuitiv erwarten wird, aus diesem Gedicht.[6] Woher es stammt, ist unklar, und unklar bleibt auch, in welcher Beziehung das Du des Zitats zum Du der Mutter steht. Der Satz lässt sich aus der evozierten Szene heraus entweder dem Kind oder der Mutter zuschreiben. Schreibt man ihn dem Kind zu, fügt er sich recht stimmig ein. Hört man im «Leben von Fremdem» das Leben *für* Fremde mit, etwa für die Irren, denen die Mutter zu geflickten Kleidern verhilft, so gilt er

---

6   Vgl. Johannes Bobrowski: Wetterzeichen. Berlin (Ost) 1966, S. 46.

wiederum der praktischen Bewahrheitung der mütterlichen Lebensauffassung: dass das Leben tatsächlich das ist, wofür sie es hält, «einen Strom, der auch Nichtschwimmer trägt».

IV. Die Schwester

Mit dem dritten Abschnitt, der die Schwesterbeziehung betrifft, wird die Darstellungslogik des Gedichts gänzlich deutlich: Die Abfolge Vater – Mutter – Schwester entspricht aber nicht nur der Generationenordnung; sie scheint, einhergehend mit quantitativen Verhältnissen, auch Beziehungsqualitäten abzubilden. An erster Stelle muss ausführlich die problematische, durch Angst gestimmte Beziehung zum Vater abgearbeitet werden. Dann folgt, kürzer, die positive zur Mutter, die aufgrund der Generationenordnung aber doch nur eine asymmetrische sein kann. Am kürzesten kommt dann die symmetrische Schwesterbeziehung zur Sprache. Symmetrisch ist sie nicht nur hinsichtlich der Generationenzugehörigkeit, sondern, stärker, durch eine emotionale Nähe, die die zwanglose Rede von einem «wir» erlaubt. So gibt der dritte Abschnitt zunächst schlicht Aufschluss über das «wir» im vorangegangenen Mutter-Abschnitt: Es gilt offenbar den beiden Geschwistern; sie sehen das erleuchtete Küchenfenster als ein Ausschnitt «vom Land, das wir suchen». Die Gleichgestimmtheit, die sich hier ankündigt, wird im Schwester-Abschnitt breit entfaltet. Das Ich geht von einem geteilten «Heimweh nach der älteren Heimat» aus. Die Geschwister bilden in der Verantwortung für die hungernde Katze ein «wir». Von Nähe zeugt auf ihre Weise aber auch die Vermutung, von der

Schwester besser verstanden zu werden, als diese es zugibt. Das Nicht-Zugeben hat hier keinen Beigeschmack der trügerischen Verheimlichung, sondern der Rücksicht. Sie findet auf der Seite des Ich eine formale Entsprechung, wenn die Annahme des Besser-Verstehens – «glaub' ich zu wissen» – eben als Annahme und nicht als sicheres Wissen präsentiert wird. Schliesslich erscheint die Schwester auch dort, wo sie als Individuum in den Blick kommt, positiv konnotiert, ebenso in ihrem Einsatz für die Mäuse wie in der bildhaften Beschreibung ihres Herzens. Ihre Darstellung erfolgt durchgängig im Format einer externen Besprechung; die Schwester selbst kommt, anders als Vater und Mutter, nicht durch Formen der Figurenrede zur Sprache. Die prägnante Wendung vom «Heimweh nach der älteren Heimat» lässt sich so und anders verstehen. Vor dem Hintergrund des Vater-Abschnitts wäre etwa an die ältere familiäre Heimat zu denken, nämlich jene Zeit, in der das Leben des Vaters noch nicht derart durch seine Sucht bestimmt wurde.

V. Das Ich

Der Übergang zum vierten Abschnitt bedeutet auch einen gewissen stilistischen Übergang. Die bisherige Darstellung der Familienmitglieder erfolgte in einer relativ einfachen Sprache, in vollständigen Sätzen mit klaren grammatischen Bezügen und alltäglichem Vokabular. Wie punktuell ausgeführt finden sich auch hier Stellen, die stärker auslegungsbedürftig sind, doch spätestens in der zweiten Strophe des Ich-Abschnitts ist ein stärkerer Wechsel der Stillage unverkennbar. Der Ton wird in dem Moment lyrischer, als das Verhältnis des Ich zur Sprache selbst in den Fokus kommt. Nun finden sich ausgesuchte Komposita, Gegensatzpaare und Wiederholungsfiguren:

> *Schwierig im Umgang mit Sätzen,*
> *am Silbenbrunnen*
> *zu keinem Gebrauch mehr*
> *bestimmter Wörter,*
> *dennoch redend,*
> *hier, Echolaute der Frage von dort.*
> *Nicht zu worten die Antwort.*

Hier gilt nicht länger die Regel des grammatisch vollständigen Satzes. Die Identifikation des Subjekts des ersten Satzes erfordert eine Interpretation im starken Sinn. Viel spricht dafür, auch hier das Ich selbst als Subjekt zu sehen – und damit den expliziten Bezug des voranstehenden Satzes noch einmal virtuell zu wiederholen, paraphrasiert also:

> *Ich lernte, beim Messer zu schlafen,*
> *das schneidend heilt, bevor es zu spät ist.*

> *[Ich lernte: Es ist] Schwierig im Umgang mit Sätzen,*
> *am Silbenbrunnen ...*

Auch ohne detaillierte Auslegung ist die strukturelle Bedeutung des Schlussabschnitts deutlich. Nach dem Abschreiten der innerfamiliären Konstellation spricht das Ich, das auch die Auswahl der Konstellationen reguliert (die Beziehung zwischen den Eltern steht ebenso wenig zur Debatte wie die der Schwester zu diesen), schliesslich von sich. Dabei scheint es wichtig, dass das Ich bereits in der ersten Zeile eine soziale Ordnung jenseits des Familiären aufruft: die grössere, ja grösste, der Wiederholungsträumenden, der «jedermann» angehört. Innerhalb dieser Ordnung artikuliert sich das Ich dann erneut als Individuum. Die erste Strophe gibt durch die Verbindung von Gegenwart und Vergangenheit gleichsam eine Zwischensumme: ein Bild des gegenwärtigen Ich, das aus der geschilderten familiären Konstellation hervorging.

Und dieses Ich ist, wie die zweite Strophe zeigt, eines, das sich an der Sprache abarbeitet. Es setzt sich dem schwierigen «Umgang mit Sätzen» aber nicht von ungefähr aus, sondern redet «dennoch», weil eine «Frage» eine «Antwort» erfordert, auch wenn diese nicht zu «worten» ist. Dieses als unzulänglich empfundene Antworten bildet zugleich den Übergang zu den letzten beiden Strophen. Obwohl oder auch weil die Antwort nicht zu worten ist, gibt sie Zugang zu einer erneut anderen Form der Sozialität. Denn die Antwort wird «weitergegeben [...] an einen, in dem sich das Schweigen / ein neues Gehör schafft». Über die Sprache wird eine Beziehung gestiftet, die offenbar nicht von gelingender Sprachfindung abhängt, weil sie das Schweigen in die Hinwendung zum Anderen einschliesst. Dass dieser Andere nicht ein bestimmter Anderer ist, sondern, potenziell, immer andere Andere, lässt die letzte Strophe vermuten, die zugleich einen Zeitsprung markiert: «Noch immer begegnen mir Menschen.» Die Erweiterung der Sprache um das Schweigen (und nicht: deren Einschränkung durch dieses) wird hier radikalisiert, wenn die Begegnung mit Menschen abschliessend keine sprachliche, sondern eine körperliche ist. Das Angerührt-Werden durch «die Hand» bedeutet aber eine so starke Begegnung, das sich das Ich selbst transzendiert und als werdender Engel erfährt.

So lässt sich denn sagen, dass Burkarts «Familienballade» tatsächlich eine Ballade ist, nämlich die lyrische Ich-Erzählung von einer liminalen Erfahrung: der Emanzipation von der eigenen Familie. Das Ich, das sich seinem nächsten Umfeld zuwendet und aus diesem heraus zu verstehen versucht, durch dessen fragilen wie durch die stabilen Anteile, gewinnt nicht nur eine Gegenwart in anderen sozialen Gefügen, sondern eine Zukunft, die – durch einen keimenden Flügel angekündigt – über das Menschliche hinaus reicht.

«In eigener Sache»

Eine naturethische Perspektive auf ihre Dichtung

Erika Burkart lebte zeit ihres Lebens im Freiamt, in der Landschaft ihrer Kindheit, im Haus auf der Moräne mit Blick auf
das Moor, die Weide, den Fluss und die Rigi. Ihr Schreibort ist
das Haus Kapf, die ehemalige Sommerresidenz der Äbte des
Klosters Muri, ein verputzter Riegelbau aus dem Jahre 1736,
umfriedet von einer alten Steinmauer. Mit dieser Verortung
beginnt ihr erster Roman *Moräne*: «Auf dem Hügel stand das
Haus im Schnittpunkt von zweimal vier Winden. Zum Haus
gehörten einige Hektar Himmel und Erde, ein Sternbild, ein
Garten und eine Strasse, auf der man zum Tor in der Mauer und am Tor vorbei überallhin gelangte.»[1] Dieses Haus, in
vielen Prosatexten immer wieder beschrieben, ist nicht nur
der Wohnsitz Erika Burkarts, sondern der erweiterte Leib der
Dichterin; von dort hat sie seit ihrem Debüt[2] *Der dunkle Vogel*, 1953 bei Tschudi publiziert, bis zu ihrem Tod 2010 zwanzig Gedichtbände und sieben Prosawerke der literarischen

---

1   Erika Burkart: Moräne. Der Roman von Lilith und Laurin. Olten
    1970, S. 9.
2   Erika Burkart. Der dunkle Vogel. Gedichte. St. Gallen 1953.

Öffentlichkeit vorgelegt. Ihr Werk ist von diesem Ort und der Landschaft geprägt.

In den letzten fünfzehn Jahren ihres Lebens war ich öfter Gast und Gesprächspartner auf dem Kapf.[3] Mit ihr und ihrem Ehemann Ernst Halter haben wir uns über Kunst, Musik und Literatur unterhalten, über ihr Leben und Leiden gesprochen, am Schluss über Krankheit und den Tod. Selber ein Landkind, aufgewachsen in den späten 50er-Jahren in einem kleinen Dorf am südlichen Rand des Juras, verband uns von Beginn weg eine tiefe Liebe zur Landschaft und Natur. Blumen und Sterne sind Erika Burkarts liebste Gefährten; ich bin etwas später im Leben ein Botaniker und Sternenbewunderer geworden. Ich habe mir philosophische Gedanken über die Natur gemacht und darüber geschrieben, sie hat sich zeitlebens den natürlichen Aussenraum zum seelischen Innenraum ihrer Dichtung gemacht. Das hat uns für immer in Freundschaft verbunden.

In einem persönlichen Gespräch sagte mir Erika Burkart einmal, dass ihr ganzes Schreiben von allem Anfang an und stets «in eigener Sache» zu verstehen sei, «erfinden» musste sie nichts, sie fand ihre Verse in der Erinnerung, in ihren Träumen und Ängsten, die poetischen Bilder in der Natur, im Selbstgespräch, im Schweigen. Ihre Prosawerke dürfe ich, auch wenn zuweilen verdeckt und maskiert, alle «autobiografisch» lesen. Die Signatur ihres Werks, kurz gefasst: Einerseits die prekäre Existenz einer Dichterin, die zwar nicht anders

3   Vgl. Fridolin Stähli: Teestunde auf dem Kapf. In: Von Büchern, Menschen und Begegnungen. 100 Jahre Literarische und Lesegesellschaft. Aarau 2005, S. 28–32.

kann, als sich mit Worten und Versen auszudrücken, dieser Verschriftlichung aber letztlich misstraut und ins Schweigen verstummen möchte: «es komme, sagt sie, eine Zeit, /da man nur noch mit sich /zu sprechen wage, zu schweigen, /schriftlich, sozusagen, und meist in Fragen.»[4] Andererseits die stete Sorge um alle Kreaturen der Schöpfung. Erika Burkart liebte alle Erscheinungen der Natur, und diese Natur war für sie kein Gefühlsraum, sondern ein Erkenntnisbuch.

Ich werde im Folgenden versuchen, diesen letzten Gedanken tiefer auszuloten und die Lyrik Erika Burkarts unter einer naturethischen Perspektive zu begreifen. Im oben schon zitierten Gedicht «In eigener Sache» lautet die zweite Strophe:

Nichts hat sie so jäh,
tief und andauernd erfreut
wie die Eitelkeiten der Erde:
das Trachten der Kunst, die Schönheit des Menschen,
Landschaften, ihre Linien und Farben,
blaue Blumen, rote Wolken. Musik.
Die Rituale des Lichts, seine Spiele auf Abruf,
das Frieseln und Schauern im Schatten
nach dem Buckeln und Kauern
unter steiler Sonne,
die Herzwärme von Kacheln,
wenn der Eissturm tobte –
und die unendlichen
Schwanenzüge des Schnees.

4   Erika Burkart: «In eigener Sache». In: Schweigeminute. Gedichte. Zürich 1988, 88f.

In diesen Versen haben wir ein objektives Bekenntnis der Dichterin zur Erde, zu ihren Eitelkeiten, zur Schönheit des Menschen, Landschaften, Linien, Farbspiele in freier Natur und Kinderspiele im Sommer; drinnen dann – wohl eine Kindheitserinnerung – die Wärme des Kachelofens im Haus, das Schutz bietet, wenn es draussen kalt ist, stürmt und schneit. Bemerkenswert ist der ungewöhnliche Plural «Eitelkeiten», hier gewiss positiv konnotiert mit dem Mit-Sinn des Vergänglichen. Und bemerkenswert ist nach dem gesetzten Doppelpunkt der erste Term: «das Trachten der Kunst». Ist damit das Streben nach Vollkommenheit und Schönheit gemeint, ganz im Schiller'schen Sinne des Sentimentalischen und vielleicht auch des Vergeblichen? Dagegen ist «die Schönheit des Menschen», im gleichen Vers im Anschluss gesetzt, objektiv naiv postuliert. Und zur Schönheit des Menschen gehört der ganze Reichtum der Erde mit den «Schwanenzügen des Schnees», der rein ist, doch auch vergänglich wie alle «Eitelkeiten der Erde». Was bleibt, ist die Liebe; davon spricht sie «In eigener Sache» in der dritten Strophe.

> Geliebt hat sie die Liebe,
> auch ihre Schmerzen,
> das Verlorengehn im Geliebten,
> um sich wiederzufinden
> in einer andern Spirale
> dessen, was sich da abspult
> als Leben.

Die letzte Strophe, sollte sie wieder auf die Erde zurückkehren, drückt einen Wunsch aus:

Falls sie aus der Asche
auffliegen sollte,
will sie mit den Schwänen
zur Erde zurück.

Keine Auferstehung im christlichen Sinn wird hier beschrieben; Erika Burkart kleidet den letzten Gedanken in der letzten Strophe mit Figuren der antiken Mythologie aus: Sie «will mit den Schwänen zur Erde zurück». Zeus ist der Königin Leda als Schwan erschienen, als er mit ihr die schöne Helena zeugte. Die Dichterin will zurück zum Ursprung des Schönen. Und aus der zweiten Strophe wissen wir: Die Erde ist voll von Schönheit, die Kunst strebt nach Schönheit. Und die Musik ist singulär, wie in der sechsten Zeile dieser Strophe aufgeführt; und aus der Musik ist die Lyrik entsprungen. In diesem Gedicht geht Erika Burkart aufs Ganze, und der ungewöhnliche Titel «In eigener Sache» ist Programm, Bekenntnis und Summe ihres ganzen Dichtens und Denkens.

Doch wo liegt der Ursprung, die Keimzelle ihres Werks? Wer Erika Burkarts Prosatexte und Gedichte liest, stösst auf immer wiederkehrende Bilder und Motive, die Aufschluss geben. Da taucht der Vater auf; der Jäger, der Gastwirt, der Trinker, vor dem das Kind flieht, aber gleichzeitig um seine Liebe wirbt; und da ist die allumsorgende Mutter, die starke, gütige Hüterin des Hauses und der zwei Kinder Erika und Mimosa. Frühe Ohnmachtsgefühle zu Hause und Angst vor Gewalt, verkörpert durch den Vater, lässt das Kind Schutz und Zuflucht in der Natur finden. Ich vermute, dass Erika Burkarts schöpferische Kraft, ihr Wille zur Heilung und die Sehnsucht nach Schönheit auch aus dieser extremen Spannung der häuslichen Verhältnisse entsprungen sind. Ihre Texte reden immer wieder von den frühen, tiefen Verletzungen. Durch Darstellung und Gestaltung im Schreiben gewinnt sie ihre Freiheit und Unversehrtheit wieder. Schreiben wird aber auf keinen Fall als Therapie verstanden, auch nicht als Trauerarbeit, mit wenigen Ausnahmen, die es genauer zu prüfen gälte. Ihre Prosawerke sind viele Jahre nach diesen Ereignissen entstanden, die künstlerische Anverwandlung steht im Vordergrund: Schreiben als Erinnerungsarbeit, als in Sprache und Form «gerettetes Leben».[5]

Eine Botschaft ihres Werks ist die Allverbundenheit mit der Natur, die Sorge um die Geschöpfe dieser Erde, eine tiefe Fürsorglichkeit für andere und anderes. Wir sollen der Natur respektvoll begegnen, weil wir ja ureigenstes Produkt dieses einzigen Planeten sind, auf dem wir heimisch sein können.[6]

Im Wachtraum kam
vom Flüstern eines Baumes mir
Erinnerung an eine Zeit,
da blättern war mein Haar und ich
mit Wurzeln griff, mit Knospen fühlte,
den Himmel atmete, die Erde trank[7]

5 Vgl. Fridolin Stähli: «Nicht mitzuhassen, mitzulieben bin ich da.» Die Seminarzeit Erika Burkarts in Aarau 1938 bis 1942. In: Aarauer Neujahrsblätter 2008. Baden 2007, S. 103–118.
6 Vgl. im Folgenden meinen Essay über Erika Burkart «Schau ins Wasser und verzweifle nicht». In: Fridolin Stähli und Peter Gros: Der Aargau lieg am Meer. Ein Streifzug durch seine Literaturlandschaften. Zürich 2003, S. 147–194.
7 Erika Burkart: «Dryade». In: Bann und Flug. St. Gallen 1956.

Die Verse sagen es explizit: Diese Zeit ist vergangen, das lyrische Ich sehnt sich im Tagtraum zurück nach diesem Urzustand. Doch wir Menschen sind längst vom natürlichen Kreislauf getrennt, haben unsere Höhlen verlassen, sind von den Bäumen gesprungen und sind in vielen Teilen zu Beherrschern der Natur geworden. So verstehe ich einerseits die Klage der Dichterin, andererseits höre ich den Appell, uns wieder in die Abläufe des Kosmos einzuordnen und die Werte der Natur zu erkennen. Wir Menschen können uns in das Andere versetzen, weil wir nicht egoistisch an unserer Perspektive haften; und weil wir vom Andern her fühlen und denken können, geben wir die rein egoistische Perspektive auf: «Lauschen auf den Vogel in sich, die Echse, den Fisch, den Luchs, das Reh. Sich zurücktasten, zurückfühlen in die verlorenen Sinne» heisst es in *Rufweite*.[8]

In den Augen des Kinds muss der Vater ein Beherrscher der Natur gewesen sein, ein Nutzer und Ausbeuter. In Südamerika kämpfte der junge Walter Burkart gegen die Natur, nur so konnte er als Jäger überleben. Das beschreibt er in seinem autobiografischen Roman *Der Reiherjäger vom Gran Chaco*, der kurz nach seinem Tod 1962 mit einem Nachwort von Carl Seelig in Zürich erschienen ist.[9] Um Erika Burkarts Naturverständnis zu verstehen, ist dieses Abenteuerbuch zentral wichtig und ein Schlüssel zu ihrem Werk. Die Tochter nimmt Abstand von der väterlichen Eroberungshaltung und bekennt sich zur teilnehmenden Beschützerin der Natur.

8 Erika Burkart: Rufweite. Prosa. Zürich und München 1975, S. 44.
9 Walter Burkart: Der Reiherjäger vom Gran Chaco. Als Jäger und Goldsucher vom Amazonas zum La Plata. Zürich 1962.

Erika Burkart lebt mit den Elfen, Bäumen, Teichen, Fluss-
nymphen und Moorgeistern ihrer nahen Umgebung. Sie ist
aber keine Romantikerin, sie muss die blaue Blume nicht
suchen, sie sieht die Iris und mit ihr alle Erscheinungen der
Natur, beschreibt und erfasst diese. Sie hat ein unmittelbares
Verhältnis zur Natur und gleichzeitig ein hochgradig reflek-
tiertes. Wie bereits erwähnt: Die Natur ist für Erika Burkart
kein Gefühlsraum, sondern ein Erkenntnisraum. Sie ist acht-
sam gegenüber Pflanzen, Steinen, Schmetterlingen, Faltern.
Sie liebt den Nebel, den Schnee, Wind und Wetter. Sie jubelt,
wenn Schneekristalle vom graublauen Himmel fallen, wenn
der Schnee die Landschaft leise verändert und mit ihm den
achtsamen Menschen. «Die Landschaft, in der ich wurzle wie
eine Pflanze und schweife wie ein Tier, ist die heimlichste an
Winterabenden, die um 4 Uhr nachmittags beginnen. Wer
sich draussen aufhält, wittert den Schnee [...]»[10] Sie richtet
sich zur Sonne und geht den Flüssen entlang, schaut in dunkle Teiche und ist verstört, wenn Menschenhände mit Motor-
sägen in die Natur eingreifen.

Erika Burkarts Leben und Schreiben ist durch und durch
mit der aargauischen Reuss-, Moor- und Moränenlandschaft
verknüpft. Einmal äussert sie sich kämpferisch und engagiert
politisch, wenn sie in *Rufweite* die Meliorationen des Murimoos beklagt, das Moor aber trotzdem noch lieben kann:
«Entwässert und entwaldet, vogelarm und blumenleer, sind
mir auch diese Felder lieb [...]»[11]; ein anderes Mal spricht sie

10 Erika Burkart: Grundwasserstrom. Aufzeichnungen. Zürich 2000,
    S. 174.
11 Burkart: Rufweite, S. 13.

philosophisch vom Überleben der Blumen, die «im eigenen Recht» sind:

Botaniker, Gärtner, Dichter
lösen das Rätsel der Blumen nicht,
Blumen sind im eigenen Recht,
überleben Pogrome von Landwirt und
Staatsarchitekten,
haben Wurzeln, die sich erinnern.[12]

Im Gedicht «Steinbrech»[13] sind Wurzeln wie Wörter. Burkart fasst die Fruchtbarkeit, Lebendigkeit und Schönheit eines Steins in ein poetisches Bild und beschreibt gleichzeitig die Macht der Sprache, die verankert und nährt.

Wurzeln
sind wie Wörter,
verankern
und nähren.
Der fruchtbare Stein
sternüberblüht.

Der Steinbrech bricht nur scheinbar den Stein, er ist in ihm verwurzelt, überblüht ihn und verleiht ihm zusätzlich seine ganze Pracht. So wie die Wurzeln verankern und nähren, so lebendig, lebensspendend und lebensnotwendig ist die Spra-

---

12 Erika Burkart: Nachtschicht; Ernst Halter: Schattenzone. Gedichte. Frankfurt a. M. 2011, S. 47.
13 Burkart: Schweigeminute, S. 87.

che. Was gewinne ich aus einem solchen poetischen Bild? Dass die Natur voll von Werten ist und zu tiefen Erkenntnissen führt, dass Achtsamkeit gegenüber der scheinbar unbelebten Natur geboten ist; denn Stein und Steinbrech, Fels und Flechte bilden Lebensgemeinschaften auf sehr lange Zeit; und in Erika Burkarts holistischem Naturverständnis ist es evident, dass solchen Ganzheiten höchster Wert zukommt. Daraus folgt der tiefe Respekt vor aller Natur und die daraus sich logisch ergebende Schutzwürdigkeit alles Natürlichen. Wir Menschen sind mit allen und allem verwandt und sollen allen und allem respektvoll begegnen[14] – Erika Burkarts Werk führt uns zu dieser Einsicht, und diese besitzt nicht nur eine ästhetische Dimension, sondern auch eine ethische.

Hermann Burger, ein Freund im Haus Kapf, bewunderte Person und Werk von Erika Burkart. In seinen «Blauschwarzen Liebesbriefen» verweist er auf die wichtige Verbindung zwischen Lyrik und Landschaft bei Erika Burkart, die für ihn nationale Bedeutung habe; ihr hafte aber «etwas typisch Aargauisches» an, was Aussenstehende aber kaum wahrnähmen. Er betont die räumliche Orientierung dieser Lyrik, die ohne den Hintergrund grosser Aargauer Landschaften nicht möglich wäre, die aber mehr sei «als nur Silbenstenografie»[15]. In einem Beitrag in den «Schweizer Monatsheften» beklagt er die mangelnde Aufmerksamkeit gegenüber dieser grossen Schweizer Lyrikerin in Deutschland und Österreich und be-

14 Vgl. Fridolin Stähli: Meditationen über Steine – eine holistische Perspektive. In: Natur und Kultur. Transdisziplinäre Zeitschrift für ökologische Nachhaltigkeit 2/2 (2001), S. 99-110.
15 Hermann Burger: Blauschwarze Liebesbriefe. In: Als Autor auf der Stör. Frankfurt a. M. 1987, S. 128.

tont, dass die Gedichte Erika Burkarts nur vordergründig mit
«Naturlyrik» zu tun haben, auch wenn Wilhelm Lehmann
und Annette Droste-Hülshoff wichtige Referenzautoren blieben. Er schreibt: «Es geht ihr in einer selbstmörderisch kräf-
teverschleissenden Tagtraum-Kärrnerarbeit ums *Ganze* [...]
Was Erika Burkart der Hieroglyphenschrift der Natur ab-
ringt, ist das ‹Wasserzeichen im Äther›, die ‹Wappenblume›
des Nichts. Von Trost oder Ergriffenheit kann nicht die Rede
sein.»[16]

Burger bestätigt meine These: Die Natur ist für Erika Burkart
ein Erkenntnisraum. Sie liest im Buch der Natur, nimmt die
verschiedenen Erscheinungen wahr und (an)erkennt, dass
Tiere, Pflanzen, Steine einen wertvollen Kosmos bilden. Diesen Kosmos versucht sie, zu benennen, zu entschlüsseln, zu
verstehen. In einer späteren Gedichtinterpretation[17] nimmt
Burger den Begriff der Hieroglyphen wieder auf, diese müssten dechiffriert werden. Für Erika Burkart ist die ganze Natur
eine verborgene Schrift, diese Signatur will sie erkennen, also
betätigt sie sich vor dem Schreiben quasi als Semiotikerin, als
eine, die es versteht, Zeichen zu lesen und Bedeutungen zu
erschliessen. Vom Wahrnehmungsprozess zum Schreibprozess vollzieht sich ein Übersetzungsvorgang: Die Signatur der
Natur wird zur Zeichensprache im Gedicht. Mit diesem An-
satz stellt sie sich in die Tradition von Jakob Böhmes und Pa-

16 Hermann Burger: Die Freiheit der Nacht. In: Schweizer Monatshef-
te, 61. Jhg., Heft 12, Zürich 1981, S. 1013.
17 Hermann Burger: Spuren im Schnee. Erika Burkarts «Flocke um
Flocke». In: Frankfurter Anthologie, hg. von Marcel Reich-Ranicki.
Frankfurt a. M. 1986, S. 223f.

racelsus' *Signaturenlehre*.[18] Hermann Burger hat das erkannt
und auch – ich wiederhole es noch einmal – die tiefe Ver-
bundenheit der Lyrikerin mit der aargauischen Landschaft:
«Erika Burkart ist abgeschnitten von ihrer ‹Urlandschaft›
überhaupt nicht denkbar. Auf der Moräne und im Murimoos,
der ehemaligen Moorlandschaft, wird jede Figur, jeder Baum,
jedes Tier zum eigenen ‹Ideogramm›. Ideografie ist eine Bil-
derschrift, es sind die Zeichen ihrer Lyrik und Prosa.»[19] Ernst
Halter, Schriftsteller und Ehepartner von Erika Burkart, sagt
es so: «[D]ie äussere Landschaft (zu der übrigens auch immer
ihre Menschen gehören) *ist* für diese Frau auch nach Jahren
des Erwachsenseins Innen- und Seelenraum.»[20]

   Schreiben: für wen und warum? Nicht für die Ewigkeit,
auch nicht für die Zeit, sagt Erika Burkart: «Schreiben ist eine
Art zu leben, zu atmen; eine Osmose. Ein Kreislauf, in den
Sichtbares und Unsichtbares einbezogen sind.»[21] Und lesen:
wozu und warum? Erika Burkarts Gedichte sind für mich
nicht nur ästhetische Ereignisse; ich weigere mich, Literatur
nur unter einem rein sprachlich artifiziellen Aspekt zu lesen.
Ich nehme bei Erika Burkart eine Haltung wahr, die ich seit
Jahrzehnten mir anzueignen versuche: ein holistisches Natur-

18 Vgl. Pirmin Meier: Erika Burkart – «Den Puls im Menschen recht
    erfühlen». In: Grenzfall Literatur. Die Sinnfrage in der modernen
    Literatur der viersprachigen Schweiz, hg. von Joseph Bättig und
    Stephan Leimgruber. Freiburg 1993, S. 334.
19 Hermann Burger: Literatur im Aargau – eine Dreisternliteratur. In:
    Aargauer Tagblatt, 1.8.1986, Bundesfeier-Beilage, S. 1.
20 Ernst Halter: Nachwort. In: Erika Burkart: Augenzeuge. Ausgewähl-
    te Gedichte. Zürich und München 1978, S. 231.
21 Burkart: Rufweite, S. 106.

verständnis. In eigener Sache gesprochen: Der Mensch steht nicht im Zentrum der Welt. Wir sind Teil der *einen* Welt und sind aufgefordert, alle anderen Lebewesen als Mitwelt und nicht als ressourcenspendende Umwelt zu betrachten und zu bezeichnen. Als vernunftbegabtes Wesen kommt uns Menschen eine besonders hohe Verantwortung für die gesamte Natur zu, und zwar um ihrer selbst willen. Wir Menschen haben die Pflicht, mit allen Lebewesen der Erde für- und vorsorglich umzugehen sowie die natürlichen Ressourcen nachhaltig und genügsam zu nutzen. Die Natur besitzt Eigenwerte und hat ein Existenzrecht.

Erika Burkarts Werk gründet in dieser Haltung und kündet in immer wiederkehrenden Motiven, Bildern und Metaphern davon. Das ist ein Grund, warum ich ihre Texte schätze, würdige und bewundere. Ihre Botschaft, wer sie hören will, ist für unsere Zukunft auf dem Planeten Erde wichtiger denn je. Ihre «Teilhabe am Ganzen»[22] ist eine lebenslange Erfahrung, die uns globalen Welteroberern Warnung und Wegweiser sein könnte: Mehr Achtsamkeit, mehr Inklusion, mehr Rechte für die Erde und die Natur. Hören die Menschen diese Botschaft auch? Und was bewirken Worte, Worte, Worte ... Erika Burkart zweifelt selbst immer wieder an der Reichweite der Sprache, leidet unter der Kluft zwischen dem Denken und der Sprache, so dass die gefassten Gedanken bei der Formulierung schon verloren gehen können, wie die Schneeflocke auf unserer Zunge rasch vergeht:

22 Ernst Halter: Vorwort. In: Erika Burkart: Nachtschicht; Ernst Halter: Schattenzone. Gedichte. Frankfurt a. M. 2011, S. 17.

Obwohl
etwas in uns
eingestimmt ist auf ihre Gebärden,
gelingt es uns nicht,
dem Wind
auch nur einen einzigen Satz nachzusprechen.

Ich rede von Bäumen,
um Worte zu lernen für ein Gespräch,
an dem, vernehmlicher schon,
das Schweigen
teilnimmt.

Weisse Silben. Sie schmelzen
bevor die Zunge sie ausspricht.[23]

Doch die Dichterin trotzt dem Verstummen und Verschweigen. Sie will reden und mit ihrer Sprache die Welt wieder verzaubern. «Menschen, die von Blumen sprechen, knüpfen an die Legende von Eden an»[24], lautet ein Satz in den Aufzeichnungen *Grundwasserstrom*. Durch ihre Poesie, davon war viel die Rede in diesem Text – über Blumen, Pflanzen, Bäume, Licht, Wasser, Sterne und Tiere –, verwandelt sie die Welt. Der Versuch: das verlorene Paradies, gleichsam ein holistischer Naturzustand, wieder zu gewinnen. Wenigstens bruchstückhaft wird daran erinnert; denn die Dichterin weiss, dass das

113

23 Erika Burkart: «Von Bäumen reden». In: Die Transparenz der Scherben. Zürich und Köln 1973, 88f.
24 Burkart: Grundwasserstrom. Aufzeichnungen. Zürich 2000, S. 231.

Paradies auf Erden längst nicht mehr existiert, dass aber eine vage Vorstellung davon in der Sprache, in einzelnen Sätzen, Versen oder Wörtern aufscheinen kann. So flüchtig das in der Poesie geschieht, so hat auch die Natur die Fähigkeit, für einen Augenblick sich edenhaft zu verwandeln: durch dichten Schneefall in der Nacht – so im Gedicht «Schneefrühe»[25] in der zweiten Strophe:

> *Keine Spur.*
> *Eine neue Erde*
> *und ein neuer Himmel,*
> *uns zugefallen*
> *in dichter Nacht,*
> *gebreiteter Glanz*
> *einer Flockenheide,*
> *unbegehbar*
> *der Schnee von Eden.*

Dieses zauberhafte Gedicht ist Ernst Halter gewidmet, und vielleicht fällt ja in der Nacht auf den 8. Februar, dem Tag, an dem sich der Geburtstag der Dichterin jährt, immer wieder einmal vom Himmel Schnee.

25 Erika Burkart: Stille fernster Rückruf. Zürich 1997, S. 42.

«Heilge Welt und hehres Sehnen»

Erika Burkarts lyrische Anfänge im Licht
ihrer George-Rezeption

Ist Erika Burkarts Werk von literaturwissenschaftlicher Seite bisher nahezu unbeleuchtet geblieben, so trifft diese Dunkelheit im verstärkten Masse Burkarts frühe Dichtungen. Setzt die öffentliche Auseinandersetzung mit ihren Texten ohnehin erst mit Karl Krolows 1959 veröffentlichtem Beitrag «Form und Wohllaut» ein[1] (der sich *Geist der Fluren*[2] widmet), so streift auch die ausführliche, poetologisch tiefblickende Erschliessung von Burkarts Lyrik im *Kritischen Lexikon zur deutschsprachigen Gegenwartsliteratur* ihre ersten Gedichtbände nur am Rande.[3] Alle übrigen der wenigen Einlassungen zur frühen Lyrik, die in der Regel auch allesamt schon mehrere Jahrzehnte alt sind, foutieren sich vielsagend um eine nähere Auseinandersetzung und rücken stattdessen das scheinbar zentrale Sujet in den Vordergrund:

1 Karl Krolow: Form und Wohllaut. In: Neue Deutsche Hefte 55 (1959), S. 1027f.
2 Erika Burkart: Geist der Fluren. Gedichte. St. Gallen 1958.
3 Jürgen Egyptien: Erika Burkart. In: Kritisches Lexikon zur deutschsprachigen Gegenwartsliteratur. München 2012. 96. Nlg.

Burkarts frühe Gedichtbände seien «geprägt durch eine intensive Erfahrung der Natur, nicht heiler Welt angehörig, eher
archaisch, vorzeitlich, Spiegel einer wachen, allen Sinnen offenen Seele, die sich vorerst der Natur rückhaltlos anvertraut,
dann zunehmend die Entfremdung von Mensch und Natur,
den Schöpfungsbruch wahrnimmt.»[4] Die Überzeugung, dass
diese Lyrik ihre Wurzeln in der «enge[n] Naturverbundenheit der Dichterin» findet, dass uns «[o]hne das Verständnis für ihre besondere Naturverbundenheit [...] uns viele
ihrer Gedichte verschlossen» bleiben, liegt auch einer der
seltenen wissenschaftlichen Arbeiten zu Burkarts Dichtung
zugrunde.[5] Die Folgen dieser interpretatorischen Disposi-
tion besitzen dreierlei Gestalt. Zum Ersten rückt sie Burkarts
Anfänge in einen «Entwicklungsprozess» ein, als dessen
Ziel immer mehr die Entfremdungserfahrung sichtbar wird:
Wo das Frühwerk sich noch naiv in der Landschaft wieder-
findet, weicht die Naturgläubigkeit in der Prosa und dann in
der späten Lyrik der Realisierung der «um sich greifende[n]
Verstädterung», in deren Konsequenz das Nächtliche zum
eigentlichen Ort der Dichtung wird.[6] Zum Zweiten verleiht
sie Burkarts ersten Arbeiten die Aura des Arkanums und lei-

4   Frieda Vogt-Baumann: Von der Landschaft zur Sprache. Die Lyrik
    von Erika Burkart. Zürich / München 1977, S. 7f.
5   Peter Rusterholz: Nachkrieg. In: Schweizer Literaturgeschichte,
    hg. von Peter Rusterholz und Andreas Solbach. Stuttgart / Weimar
    2007, S. 249.
6   Dies etwa – in freilich durch den Publikationskontext bedingter –
    Kürze bei Charles Linsmayer: Gesichter der Schweizer Literatur.
    150 Kurzporträts von Melinda Nadj Abonji bis Albin Zollinger. Zü-
    rich 2015, S. 50f.

tet aus der Projektion einer «Naturlyrik nach der Naturlyrik» die vollkommene «Eigengesetzlichkeit»[7] ihrer Texte ab, wo sie nicht deren Verfasserin selbst sogar «jeder gängigen Zuordnung» enthoben sieht.[8] Getragen seien ihre Dichtungen «vom Vertrauen in die überlieferte Sprache», gleichzeitig sei es aber doch «weniger Traditionsbewusstsein, was sie in ihren Anfängen [...] lenkt, vielmehr eine – durch besondere, kaum wiederholbare Lebensumstände, vor allem eine ganz aussergewöhnliche landschaftliche Umgebung bestimmte Kindheit, in welcher ein ursprünglicher Einklang zwischen Mensch und Natur nicht Bildungserlebnis, sondern ursprüngliche Erfahrung ist»[9]. Zum Dritten aber heftet sich an jene Erfahrung «ursprünglichen Einklangs» auch notwendig der Schöpfungsbegriff[10], eine mehr oder minder vage Vorstellung von «Naturfrömmigkeit», in der mythisches, magisches und christliches Denken irgendwie in- und durcheinander spielen[11] und an deren Ende «Natur zur Sprache des Menschen» wird, «sagt, was er verschweigt»[12].

Nun ist das nicht alles falsch, zeugt aber in erster Linie von einer gewissen Deutungsflucht. Ihren Ausgang nimmt diese in einer Projektion von Alleinheit, einer vorsprach-

7   «Ganz von den Gesetzen des eigenen Wesens» sieht Elsbeth Pulver Burkarts Dichtung bestimmt, vgl. Die zeitgenössischen Literaturen der Schweiz, hrsg. von Manfred Gsteiger. Zürich / München 1974, S. 225.
8   Rusterholz: Nachkrieg, S. 249.
9   Die zeitgenössischen Literaturen der Schweiz, S. 225.
10 A. a. O., S. 226.
11 Vgl. das erste Kapitel in Vogt-Baumann: Von der Landschaft zur Sprache, S. 7–15.
12 Die zeitgenössischen Literaturen der Schweiz, S. 225.

lichen, unergründlichen Verbindung von Welt und Seele, als deren Künderin Erika Burkart in Anspruch genommen wird – wofern ihr Sprechen (dann im späteren Werk) nicht gerade von der schmerzhaften (Zer-)Störung dieser Bindung zeugt. Das, was man unter Burkarts «Spiritualität» gemeinhin zu verstehen pflegt, hat seinen Sitz in ebendieser Projektion: Das Gedicht versichert der unsichtbaren Bande, die zwischen Sprache und Schöpfung bestehen, im poetischen Sprechen kehrt die Stimme zurück in diese Urbeziehung und zeugt zugleich von deren Vergangensein. Vertrackt bliebe in Burkarts Lyrik also bestenfalls die immer neu zu entdeckende Ambivalenz von momenthafter göttlicher Präsenz und Weltverlust, ein nicht wirklich singuläres poetisches Phänomen.

Im Folgenden soll diesem Deutungsdispositiv eine andere Lesart von Erika Burkarts lyrischen Anfängen gegenübergestellt werden. Sie zielt auf eine Poetik, die Sakralität tatsächlich aus dem Anspruch des dichterischen Wortes herleitet, in dessen Durchgang so etwas wie «Schöpfung» erst denk- und sagbar wird. Die Wurzeln dieser Poetik liegen, wie im Folgenden deutlich werden wird, in der (Wieder-)Aufnahme einer Programmatik, die Erika Burkart in der Dichtung Stefan Georges findet, als deren Vermittlerin ihr keine Geringere als Georges wohl loyalste Jüngerin Edith Landmann diente. Nicht um Epigonalität geht es hier indessen, sondern um die höchst eigene Anverwandlung eines doch recht spezifischen, scheinbar überlebten Sprachgestus, dessen Spuren sich dann nach und nach in Burkarts Werk wieder verlieren – und der gleichwohl für dessen Grundverständnis zentrale Bedeutung besitzt.

Unsagbare Verdichtung

Wendet man sich also jenem Gedicht zu, das Burkarts ersten Gedichtband *Der dunkle Vogel* eröffnet, dem fünfstrophigen «Madonna im Mond», so wird man kaum bestreiten können, dass hier die lyrische Stimme sich selbst bereits programmatisch verortet. Das Gedicht sei hier in Gänze wiedergegeben:

Unter der Helle im Himmel
Steht ein entblätterter Baum,
Hinter der Zweige Gewimmel
Wächst der unendliche Raum.

Schwebt in die kreisrunde Lichtung
Der schmale versilberte Kahn ...
O unsagbare Verdichtung
Von Schönheit und Trauer und Wahn.

Meere und moorige Lachen
Wollen nur Spiegel dir sein,
Dich zu vertausendfachen,
Weltenverzaubernder Schein.

Lächelt im wolkigen Flore
Leise die heilige Frau,
Schauern die Meere und Moore
Selig im rieselnden Tau.

Aus schlangenbergenden Gründen
Hebt seine Hände das Kind,

Als sehnte es sich, zu verbinden
Sein Flehen dem Wandrer im Wind.[13]

In der Form ist das Gedicht weitestgehend regelhaft gehalten, in seinem Grund bleibt es an einen dreihebigen Daktylus mit weiblich/männlich alternierender Kadenz gebunden. Achtet man auf die signifikanten metrischen Abweichungen, so treffen diese die Verse 7, 11 und 17; man wird auf diese zu sprechen kommen. Das Gedicht folgt einer Bildlogik der Überblendung: Im die Landschaft durchscheinenden Mond zeigt sich in den letzten beiden Strophen die Madonna, von der Erde – und als Korrelat zum «Gewimmel» der Zweige in der ersten Strophe – strecken sich ihr die Hände des Kindes, also Christus entgegen. Das ist rein strukturell erst einmal nicht sehr kompliziert, was sich ändert, wenn man den kleinen Störungen Beachtung schenkt, deren erste sich in der zweiten Strophe findet. «O unsagbare Verdichtung»: Die ersten beiden Silben klingen spondeisch zusammen, die Akzentuierung von «unsagbare» wird schwankend, tatsächlich metrisch «unsagbar».

Nun bezieht sich jene Unsagbarkeit aber eben auf die «Verdichtung», und das deutet auch auf «Dichtung», auf das poetische Sprechen selbst. Man kann das Gedicht an ebenjener Störungszeile umbrechen lassen: Davor die Poesie der vom Mond erhellten Landschaft, danach, beginnend mit ihrer Überführung in Begriffe wie «Schönheit und Trauer und Wahn», die Übertragung des sprachlich nicht fassbaren Ge-

13 Erika Burkart: «Madonna im Mond». In: Der dunkle Vogel. Gedichte. St. Gallen 1958, S. 3.

schehens, der natürlichen Poesie, in eine christologische Vorstellungswelt. Zugleich gilt es jedoch zu beachten, dass hierin eben auch anderes gesagt ist: Der «weltenverzaubernde Schein» der Madonnenfantasie ist das Werk einer Dichtung, die an den Grenzen des Sagbaren arbeitet, ein Sinngefüge, dessen Verhältnis zum Eingangsbild nicht geklärt ist. Gefährlich wäre es, eine glatte Überführung von Natur in Sprache zu unterstellen; würde doch damit eine Kontinuität suggeriert, die das Wort zum Archäologen sakraler Schöpfungsstrukturen erhebt.

Demgegenüber wäre anzumerken, dass das Gedicht sich weniger aus einer wie immer gearteten Naturvorstellung ergibt als sich vielmehr in einen lyrischen Diskurs einschreibt. Dass sich das Bild just vor der Zeile «O unsagbare Verdichtung» zu einem «schmale[n] versilberte[n] Kahn» wandelt, darf zu denken geben; weist doch der «silberne Kahn» auf eines der bedeutendsten Gedichte Georg Trakls zurück, nämlich «Untergang» (1913), dessen zweite Strophe lautet:

Über unsere Gräber
Beugt sich die zerbrochene Stirne der Nacht.
Unter Eichen schaukeln wir auf einem silbernen Kahn.[14]

Franz Fühmann hat die – im Benjaminschen Sinne – epochale Bedeutung von Trakls Gedicht herausgearbeitet und als Prophezeiung dessen, «was schon da ist, man sieht es nur

---

14 Georg Trakl: «Untergang». In: ders.: Sämtliche Werke und Briefwechsel. Innsbrucker Ausgabe, hrsg. von Eberhard Sauermann und Hermann Zwerschina. Innsbruck 1995–2014. Bd. II, S. 369.

nicht», gedeutet.[15] Liest man Burkarts «Madonna im Mond» als eine Transposition von «Untergang», so wird schnell deutlich, wo der Ort des Gedichts zu suchen ist: Aus der Unsagbarkeit der Trakl'schen Mitternacht hinaus führt es in den Schein eines Heilsgeschehens, das aber nicht als vollzogen, sondern als ausstehend dargestellt wird. Die Diktion des Gedichts bleibt hier so zurückhaltend wie möglich: «Als sehnte es sich, zu verbinden / Sein Flehen dem Wandrer im Wind». Assertorisch ist hier nur das «Flehen» des Kinds, das einen zu überwindenden Zustand (nämlich die Trennung von der Mutter) konstatiert; alle anderen Zeichen fallen der Deutung anheim: Das Flehen ist *nicht* dem «Wandrer im Winde» verbunden, sondern diese Vereinigung *könnte* ein Verlangen des Kinds sein. Von diesem Verlangen trennt es aber das «Als», in dem das Sehnen just der poetischen Kunst des Sagens von «Unsagbarem» anheimfällt. Erlösung wird nur im Raum der dichterischen Imagination, eben: im «weltenverzaubernde[n] Schein» überhaupt denkbar – und die Grenzen dieser Macht sind hier deutlich markiert.

Nicht Naturfrömmigkeit, sondern lyrische Selbstheiligung, die Frontstellung von Kunst und Welt eröffnet somit dieses Werk. Vor diesem Hintergrund ist es durchaus von Bedeutung, dass auch weitere Bildfelder, die Burkarts Gedicht zusammenführt, an anderer Stelle verdächtig analog zusammenkommen, nämlich in Stefan Georges «Die märkte sind öder ...» aus dem *Pilgerfahrten*-Zyklus (1891). Dort umfangen den Pilger, der auf der Suche nach Erlösung aus der Stadt und

---

15   Franz Fühmann: Gedanken zu Georg Trakls Gedicht. Leipzig 1981, S. 20.

durch die Wüsten flieht, «härene karden / Und schwellende blätter wie schlangen am boden ziehn.»[16] Und auch hier – wie bei Burkart – rettet aus den «schlangenbergenden Gründen» ein Baum, in diesem Fall «ein thujabaum»:

An dieser höhe saum
Entdeck ich auf ihrem haupt eine grünende insel
Da steht ein thujabaum ·

Gebüsche ranken am rande ·
Von droben wie aus der kindlichen meister pinsel
Erstrecken sich türme und brücken und städte und lande ·
Wie manches neue ziel!
Der abend in ockerfarbenem leuchten verfloss ·
Der kelch einer zeitlose duftete vor er sich schloss
Und weisses manna fiel.[17]

Georges und Burkarts Gedicht kommentieren sich wechselseitig. In beiden Fällen ist das Szenario ein paradiesisches, in beiden Fällen wird die Ursünde beschworen wie invertiert: Wo die Schlange in Genesis 3 den Sündenfall herbeiführt, indem sie Eva zum Essen des Apfels vom verbotenen Baum überredet, erfolgt bei George wie bei Burkart die Lossagung von den «schlangenbergenden» resp. den «schlangendurchzogenen» Gründen ebenfalls in der Hinwendung zum Baum. In Georges Poem eröffnet er den Blick auf ein immanenti-

---

16 Stefan George: «Die märkte sind öder ...». In: ders.: Hymnen, Pilgerfahrten, Algabal. Düsseldorf / München 1966 (GA II), S. 68.
17 Ebd.

siertes Heilsgeschehen: Aus der Krone des Baums zeigen sich dem Ich neue Formen, Farben und Düfte; es tritt in einen synästhetischen Prozess ein, dessen Sanktifizierung am Zeilenende durch das Herabfallen des «weissen manna» erfolgt.

Burkarts Gedicht hält hingegen vor dieser Heiligung noch inne. Es stellt, wie bereits oben aufgezeigt, zwischen die sündige Erde und die Madonnenerscheinung die brüchige Sprache. Auf dem «Als» des «Als sehnte sich» lastet die ganze Schwere der Erlösung. Geht bei George das «neue ziel» und die Segnung durch das «weisse manna» unhinterfragt aus dem dichterischen Wort hervor, so weiss Burkarts «Madonna im Mond» um die Hybris, die sich hinter dieser Aneignung verbirgt – und weicht vor ihr behutsam zurück.

«Die märkte sind öder ...» zeigt Burkarts Gedicht wiederum, was alles zu erwarten wäre von einer Dichtung, die es sich zutraut, das Göttliche an sich zu ziehen: eine andere, verwandelte Natur. Diese ruht freilich ganz im sprechenden Subjekt – die «Madonna im Mond» hingegen kündet von der Fremdheit der Welt, von der zerfallenen Einheit von Schöpfung und Sprache, die nur konjunktivisch, nur tastend und nur momenthaft zu restituieren ist.

Edith Landmann, Stefan George – und Erika Burkart

Der Verweis auf George erfolgt nicht heuristisch; der Intertext ist in diesem Fall auch werkbiografisch unterfüttert. Den Schlüssel zu dieser Unterseite von Burkarts Frühwerk birgt bereits das zweite Gedicht in *Der dunkle Vogel*, «Der Opferstein», das keiner Geringeren als Edith Landmann gewidmet ist. Ohne Zweifel ist Landmann, die als «Georges weiblicher Eckermann»[18] wie keine Zweite beansprucht hat, Georges Dichtungsverständnis über dessen Tod hinaus weiterzutragen und tatsächlich in eine Ethik zu überführen, für Erika Burkart ein prägender Einfluss gewesen. Landmann, die nach dem Suizid ihres Manns – des Nationalökonomen Julius Landmann – 1931 von Kiel den Weg zurück an ihre vorherige Wohnstätte Basel gesucht und gefunden hatte,[19] hat Burkart anscheinend in einem Museum kennengelernt.[20] Bei der 28-jährigen Aargauerin hat diese Begegnung einen nachhaltigen Eindruck hinterlassen; Anfang 1949 hat sie sie offensichtlich auch in Basel besucht. «Manchmal», schreibt sie am 25. Februar 1949 an Landmann, «führe ich in Gedanken [...] Gespräche mit Ihnen über die Dinge meiner geistigen Welt.»[21] Die Dinge aus Landmanns geistiger Welt hat sie da schon kennengelernt: So ist die Rede von «Bücher[n], die Sie so gütig mir mitgaben», und im Folgenden wird auch deutlich, um welche Bücher es sich

18 Ulrich Raulff: Kreis ohne Meister. Stefan Georges Nachleben. München 2009, S. 140.

19 Zu Edith Landmanns Vita vgl. Korinna Schönhärl: «Wie eine Blume die erfroren ist» – Edith Landmann als Jüngerin Stefan Georges. In: Stefan George. Dichtung – Ethos – Staat. Denkbilder für ein geheimes europäisches Deutschland, hrsg. von Bruno Pieger und Bertram Schefold. Berlin 2010, S. 207–242.

20 Landmanns Sohn Michael berichtet von diesem Aufeinandertreffen: mit der «Schweizer Lyrikerin Erika Burkhard [sic], die sie [Edith Landmann] in einem Museum kennengelert hatte und der als Gestalt etwas Unwirkliches anhaftete.» Michael Landmann: Erinnerungen an Stefan George. Seine Freundschaft mit Julius und Edith Landmann. Amsterdam 1980 (= Castrum Peregrini 141/142), S. 138.

21 Erika Burkart an Edith Landmann, 25.2.1949. Brief im Stefan George Archiv, Signatur E. Landmann III, 1300.

handelt: Lyrikanthologien, zu denen Burkart selbst «in Gedanken» noch C. F. Meyers Gedichte «Alle» und «Stapfen»
hinzusetzen möchte – doch daran schliesst die eigentliche
Bitte:

> Tiefer in das Werk Georges eindringen zu dürfen, bedeutet
> für mich ein wahrhaftiges Glück und ich möchte nun alle
> seine Werke lesen. Ob Sie wohl so gütig sind und mir etwas
> davon zukommen lassen? Es ist da eine Stärke, eine Klarheit
> und Reinheit, wie man sie selten findet, etwas Straffes, Hohes,
> Fertiges, das reinigt und beglückt in all dem Tand und Schein,
> der einem [sic] umgibt. Wie köstlich müsste es sein, auch die
> Übersetzungen dieses wirklich priesterlichen Dichters zu le-
> sen, wenn man so sich ausdrücken darf. Das Buch der ‹Sagen
> und Sänge› ist mir ganz besonders lieb [...] Wie Vieles rufen
> doch die schlichten Worte des ‹Sieh mein Kind ich gehe› in
> mir wach! Das Buch der Hirtengedichte ruft so wundersam
> die alte Welt zurück, die ganz auch in dem Gedichte enthalten
> war, das Sie mir vorlasen und übersetzten.[22]

Zweifelsfrei kennt Burkart da also bereits Georges *Die Bücher der Hirten- und Preisgedichte · der Sagen und Sänge und
der Hängenden Gärten* (1895); die Zeile «Sieh mein Kind ich
gehe» wandert durch die drei Strophen eines der «Sänge
eines fahrenden Spielmanns»[23]. Welches Gedicht Landmann

---

22 Ebd.
23 Stefan George: «Sieh mein kind ich gehe». In: ders.: Die Bücher der
    Hirten- und Preisgedichte der Sagen und Sänge und der Hängen-
    den Gärten. Düsseldorf / München 1966 (GA III), S. 75.

und Burkart zusammen gelesen haben, was hier unter «Übersetzung» zu verstehen ist, bleibt im Dunkeln. Erwähnt sei
jedoch, dass das Landmann gewidmete Gedicht vom «Opferstein» im Beginn «Hier ging Erinna, in den Seidenhaaren /
Das lieblich lose Laubgewind» ebenfalls ein Gedicht aus
Georges *Hirten- und Preisgedichten* referenziert (nämlich
eben «Erinna»).

Landmann jedenfalls erhört die Bitte Burkarts, allerdings
erst auf weiteres Nachfragen.[24] Nachdem sie ihr zunächst die
Homer-Biografie *Patroklos* der Altphilologin Renata von Sche-
liha schickt, die ebenfalls zum Umfeld des George-Kreises
zählte und auf Landmanns persönliche Einladung 1939 nach
Basel übersiedelt war, erhält Burkart von Landmann Anfang
1950 den *Stern des Bundes* (aus dem sie sich «Wer je die flamme umschritt ...» abschreibt)[25], im Sommer beschafft sie sich
dann aus der Bibliothek erst Friedrich Gundolfs *George*-Buch.
Am 27. Dezember 1950 erreicht die Begeisterung für George
dann ihren Höhepunkt:

O ja, liebe Frau Doktor, ich habe sehr schöne Dinge gelesen:
Seit Monaten beschäftige ich mich fast ausschliesslich mit
George, ich habe mir aus der Bibliothek seine sämtlichen Wer-

---

24 Erika Burkart an Edith Landmann, 14.10.1949: «Vielleicht sind Sie
so lieb und schicken mir wieder einmal einen Band George. Leider
besitzt meine Bibliothek diesen Dichter nur in kleiner Auswahl.
Es tut so gut, seine starken und dennoch liebreichen Worte zu lesen, wenn man all das lyrische Gewinsel der Moderne betrachtet.»
Brief im Stefan George Archiv, Signatur E. Landmann III, 1303.

25 Erika Burkart an Edith Landmann, 24.2.1950. Brief im Stefan
George Archiv, Signatur E. Landmann III, 1304.

ke kommen lassen und mir auch einige Bücher gekauft, weil
ich einsehen lernte, dass man ohne diesen Geist und – Führer
im schönsten Sinne des Wortes – überhaupt nicht auskommt
und dass, wie Sie einmal sagten, nach Hölderlin eigentlich
nur noch George zu nennen ist. Wie zart und gütig, ohne alles Drängen, haben Sie mich auf diesen grossen Menschen
und Dichter hingewiesen, wie verstanden Sie es, geduldig zu
warten, bis ich diese einzige Höhe, Tiefe, Klarheit und Schönheit, erkannt hatte und sagen darf: Ich verstehe sehr wohl, dass
solch eine Erscheinung, ein ‹verleibter Gott› nach Gundolf,
uns in allen Fahrten und auf allen Lebensstufen zum ganz und
gar unentbehrlichen Begleiter, Helfer und – Richter werden
muss. Hier ist ein Mass, ein endgültig Schönes und Vollkom-
menes, das wie ein Turm aus dem heutigen Chaos ragt, und
somit auch ein unerhörter Trost, kurzum ein Wunder, das uns
an das Göttliche im Menschen wieder glauben lässt.[26]

Nachhaltig beeindruckt hat Burkart dabei insbesondere das
«Vorspiel» aus dem *Teppich des Lebens*, das sie erst langsam
begreift. «[D]iese Zwiesprache mit dem Engel, in der alle Höhe
und Tragik des Künstlers einbegriffen ist, Segen und Verzicht,
Einsamkeit und Entzückung, alles in dem Einen: ... nur du
und ich ...»[27] Der letzte Brief Burkarts, der Edith Landmann
vermutlich noch lebend erreicht hat, wurde am 7. Juni 1951
in Mailand abgeschickt. Er enthielt neben vier Zeitungsaus-

129

26 Erika Burkart an Edith Landmann, 27.12.1950. Brief im Stefan
   George Archiv, Signatur E. Landmann III, 1306.
27 Ebd.

schnitten mit abgedruckten Gedichten Burkarts[28] auch zwei in Druckhandschrift übersandte Gedichte Burkarts mit den Titeln «Am Rhein» und «Morgen am Rhein», in deren brieflicher Erläuterung abermals Georges «Vorspiel» auftaucht:

> Trotz allem Glück weiss ich nun das Schicksal, das George im ‹Vorspiel› so unvergleichlich darstellt, sie enthalten alles, was ewig gültig ist für ein ernstes künstlerisches Ringen: Ich lasse dich nicht, du segnest mich denn … Es ist kein Lebensbezirk, kein Seelenschicksal, keine Kulturmacht und kein Naturregen – und Weben, das dieser Dichter nicht in Zartheit und Gewalt neu für uns erschaffen hätte. – Wir wollen im Sommer, sobald ich Sie sehen darf, davon sprechen.[29]

Zu diesem Gespräch kommt es nicht mehr: Edith Landmann stirbt sechs Wochen nach Abfassung dieses Briefes am 23. Juli 1951. Einen letzten Brief hat sie ihrer Korrespondentin zuvor noch nach Italien geschickt, den diese «fortan als ein Heiligtum» aufzuheben gedenkt.[30] Landmanns Sohn Michael schickt Burkart dann im August 1953 einen Brief, dem das

28 Es handelt sich um die Gedichte «Spätherbst», «Traum» und «Heimkehr» (dessen Manuskript bereits im September 1949 Landmann übersandt hatte), sowie den «Moor»-Zyklus, den das «Aargauer Tagblatt» mit der Notiz ankündigt: «Wir bringen im folgenden erstmals ein Gedicht der Aargauer Dichterin Erika Burkart von Althäusern, die eine aussergewöhnliche Begabung besitzt und wachsende Beachtung findet.»

29 Erika Burkart an Edith Landmann, 7.6.1951. Brief im Stefan George Archiv, Signatur E. Landmann III, 1307.

30 Erika Burkart an Michael Landmann, 5.8.1953. Brief im Stefan George Archiv, Signatur G. P. Landmann III, 6080.

oben erwähnte Gedicht vom «Opferstein» beiliegt, das dieser für einen Abdruck im *Castrum Peregrini* vorzuschlagen erwägt[31] (eine Aussicht, die Erika Burkart durchaus erfreut, die sich aber nicht erfüllen wird).

Die Aufarbeitung dieser Korrespondenz ist nun freilich kein Selbstzweck, sondern formiert zum Ersten eine bestimmte intertextuelle Konstellation, aus der sich zum Zweiten ein «Heiligkeits»-Begriff ableiten lässt, der Erika Burkarts Lyrikkonzeption fortan grundiert. Beginnen wir – das Zurückliegende summierend – mit dem Ersten: Die Korrespondenz zwischen Burkart und Landmann mündet direkt in die Entstehungszeit der frühesten Lyrik Burkarts, die sich dann im ersten Gedichtband zwei Jahre nach dem Ende des Briefwechsels konkretisiert. Auf der einen Seite steht damit der unzweifelhafte Einfluss Georges, insbesondere des genannten «Vorspiels» und der «Hirten- und Preisgedichte», auf der anderen Seite ein Konvolut an Texten, die im Umfeld der Korrespondenz entstehen oder ihr beiliegen. Hierzu zählen – neben den genannten beiden «Rhein»-Gedichten – «Spätherbst», «Um deines Traumes willen», «Südliche Insel» und «Gefährten» (diese unveröffentlicht), die Gedichte «Heimkehr», der Zyklus «Das Moor» (veröffentlicht in *Der dunkle Vogel*) sowie die Gedichte «Traum», «Das Margritenfeld» und «Herbst» (diese veröffentlicht in *Sterngefährten*[32]). Aus dem Zusammenspiel der Korpora und ihrer gemeinsamen Motivik lässt sich tatsächlich so etwas wie ein Konzept poetischer

131

---

31 Das geht aus Burkarts Antwortbrief an Michael Landmann vom 4.11.1953 hervor.

32 Erika Burkart: Sterngefährten. Gedichte. St. Gallen 1955.

Spiritualität ableiten, das nicht allein für das Frühwerk Erika Burkarts leitend wird. Ein Vorschein davon – nicht mehr – soll im Folgenden gegeben werden.

Die Dichtung als Tor zur geheiligten Welt

Es ist nicht zu bestreiten, dass Georges Dichtung in Erika Burkarts ersten Gedichtbänden enorm präsent ist. Die Bewertung dieser Konstellation ist durchaus schwierig. Nimmt man etwa das siebte Gedicht aus dem Zyklus *Der dunkle Vogel*, das vielsagend «Herdzeit» betitelt ist, so kann man sich des Eindrucks nicht erwehren, dass hier der Eintritt in eine auratische Gemeinschaft gesucht wird, deren Zeit längst vorbei war. Unverhohlen greift das Gedicht Georges «Ihr tratet zu dem herde» (1897), eines, ja vielleicht *das* Losungsgedicht des George-Kreises auf. Bei George birgt der Herd das Signum der Spätheit: Diejenigen, die zum Herde treten, finden nichts mehr als die «erstorbene Glut», die Asche. Die Deutung ihres Funds erhalten sie von der «trostgebärde» des Monds: «Tretet weg vom herde / es ist worden spät».[33] Burkarts «Herdzeit» erweist sich demgegenüber als ein Trotzgedicht: Sein Ich beschwört die gemeinsam begangene «Herdzeit», imaginiert die «Zeit, die lang versunken ist», in der die «Dichter mit dem strengen Lorbeer schrieben» – eine Zeit, die im gemeinsamen Lesen der Dichtung wieder erwacht und die auch anhält, wenn die Flamme selbst verloschen ist:

33 Stefan George: «Ihr tratet zu dem herde». In: ders.: Das Jahr der Seele. München / Düsseldorf 1966 (GA IV), S. 118.

Doch nachher, wenn die Glut im Herd verglimmt,
Will ich mit dir das süsse Schweigen lernen,
Darin wir niemals wieder uns entfernen
Vom Kreis, der uns in Eins zusammennimmt.[34]

Auf den ersten Blick liest sich das als eine Ermächtigungsgeste: Das Projekt der geweihten Dichtung, aus dem die dem Wort und seinem Künder verschworene Gemeinschaft hervorgeht, endet nicht mit dem Verstummen des lorbeerbekränzten Dichters. Auch dort, wo seine Stimme verstummt, selbst dort – das ist wohl entscheidender –, wo seine Verse enden, bleibt die einmal in ihnen gefundene Einheit auch im Schweigen bestehen, überträgt sie sich auf den Zusammenschluss des «wir». In diesem Zusammenschluss aber liegt tatsächlich der Schlüssel zu Burkarts Poetik verborgen und man muss sehr genau hinsehen, um zu entdecken, was sich hinter der Türe verbirgt, die dieser Schlüssel öffnet.

So unverkennbar die George-Assonanzen in Burkarts früher Lyrik sich ausnehmen mögen, so unzweifelhaft ist auch zu konstatieren, dass sie die konstitutiven Parameter von Georges Dichtung verschiebt. Macht sich beim späteren George ohnehin die schleichende Rhetorisierung der Lyrik bemerkbar, so findet sich aber auch und gerade in dem von Burkart so geliebten «Vorspiel» eine unaufhebbare Distanz zwischen den beiden Sprechinstanzen. Die Hierarchie zwischen dem Adepten, der «bleichen eifers [...] / Nach strofen drinnen tiefste kümmernisse» sucht, und dem ihn zu sich heraufziehenden wie unterwerfenden Engel verschwindet

133

34 Erika Burkart: «Herdzeit». In: Der dunkle Vogel, S. 9.

niemals ganz. Der Meister kann herabsteigen, er kann erwählen, aber auch dort, wo es zum «wir» dann kommt («Wir die als fürsten wählen und verschmähn / Und welten heben aus den alten angeln»[35]), bleibt dieses Wir an die Entgegensetzung von Hohem und Niederem gebunden, an das Gewährenlassen desjenigen, der immer Meister bleibt. Burkart hingegen übernimmt zwar die Heiligkeit des Gewahrsams, der Verbindung von Ich und Du im Wort. Allerdings bleibt ihr Gedicht selbst dort, wo es George in Bild und Duktus sehr nahe kommt, einem anderen Wir verpflichtet. *Der dunkle Vogel* macht sich sehr behutsam an die Schöpfung einer Gemeinschaft, in der «Herdzeit» scheint sie erstmals auf. Schon das Folgegedicht «Ich wollte es nicht ...» enthüllt ihre Genese:

> *Ich wollte es nicht,*
> *Nun ist es geschehn,*
> *Vor deinem Gesicht*
> *Muss alles vergehn.*
> *Du hast mir verrückt*
> *Das dämmernde Bild,*
> *Welt will erstehn,*
> *Welt ward zerstückt.*[36]

Es sind die letzten beiden Zeilen jener ersten Strophe, die von übergeordneter Bedeutung sind. Das Du hat sich – so scheint

35 Stefan George: «Wir die als fürsten wählen». In: ders.: Der Teppich des Lebens und die Lieder von Traum und Tod mit einem Vorspiel. Düsseldorf / München 1966 (GA V), S. 23.
36 Erika Burkart: «Ich wollte es nicht ...». Der dunkle Vogel, S. 10.

es – dem Ich aufgenötigt, dessen Wirklichkeit, die Wirklichkeit des Einzigseins «verrückt». Verbunden mit diesem Einzug des Du in ein nunmehr gemeinsames Bewusstsein ist Weltaufgang und Weltuntergang, Zerstörung und Schöpfung, Kosmogonie. Man kann diese weltumwälzende Unio selbstredend christlich deuten, sie bezeichnet in jedem Fall jedoch zunächst eine Öffnung des Ichs, die eben nicht nur von aussen, sondern auch von innen erzwungen wurde. So gesteht die dritte Strophe:

> *Ich rief dich, ich fasst' dich,*
> *Ich wusste es kaum.*
> *Nun bist du Strahl*
> *Ob gefährdetem Haupt,*
> *Meine selige Qual,*
> *Die beschenkt, die beraubt.*[37]

Die letzte Zeile greift erneut die Ambivalenz von Erstehen/ Zerstücken auf, das Schenken und Vernichten von Welt als Akt. Die gleiche Ambivalenz eignet auch der Zusammenkunft von Ich und Du: eine «selige Qual» ist sie, eine ersehnte Herabkunft, die zugleich «nicht gewollt» war. Das entspricht ziemlich genau der Konstellation aus Georges «Vorspiel», zugleich ist es aber auch genau die Dynamik, die Ich und Du heiligt, wie es im «Strahl» über dem Haupt des Ichs sichtbar wird.

Ist diese Verbindung aber erst einmal eingegangen, so beginnt die Wandlung. Der Zyklus folgt ihr nach: Dem «Ich

37 Ebd.

wollte es nicht ...» antwortet erst ein «Seit Du da bist» und
dann «Dass Du Gefährte mir». Auch dieses liest sich auf
den ersten Blick recht georgeanisch («Dies gilt allein – dass
du begreifst / Vor allen andern innern Bebens / Keimpunkt
und Kreis»), birgt dabei einerseits auch wieder den Eintritt
in das «höhere Leben», das nur gemeinsam von Ich und Du
erschlossen werden kann, weitet andererseits aber den Blick.
In die Vereinigung der Gefährten mündet nämlich nun auch
wiederum die Natur ein:

> *So werden wie ein Geistiges uns sein*
> *Die weisse Wolke und der stille Stein,*
> *Nun webt die Erde sich den Seelen ein*
> *Und zeugt das Licht – dies gilt allein.*[38]

Die Wiederaufnahme des eingeschobenen «dies gilt allein»
bindet die Gefährten «des höhern Lebens» aus der Eingangs-
zeile an die Erde, die sich den Seelen «einwebt», der Natur
«Geistigkeit» verleiht. Der «Geist», in dem das Gedicht hier
eine gemeinsame Welt errichtet, wäre genauer noch zu bestimmen; auch dieser Begriff freilich in Georges Werk über-
präsent und dort bereits doppelgesichtig. Die Vergeistigung
der Natur kehrt wieder und wieder und bezeichnet auch bei
George den Eintritt in ein anderes Bewusstsein: «[...] zeitloses
nu / Wo landschaft geistig wird und traum zu wesen» heisst
es im *Stern des Bundes* etwa[39]; «Du bist vom geist der flur

136

38 Erika Burkart: «Dass du Gefährte mir». In: Der dunkle Vogel, S. 12.
39 Stefan George: «Vor-abend war es unsrer bergesfeier». In: ders.:
Der Stern des Bundes. Düsseldorf / München 1966 (GA VIII), S. 74.

aus der wir stiegen»[40], bekennt *Das Jahr der Seele* und kehrt
den Zusammenhang von Geistesnatur, Welt und Sprachbe-
gegnung somit um. Auf der anderen Seite ist bei George der
Geist immer auch possessiv, dem Ich unterstellt, das «reich
des Geistes: abglanz / Meines reiches, hof und hain».[41] Die
Spuren dieser Herrschaft tilgt Burkarts Spiritus nach und
nach: Die weiteren Gedichte sind nun ganz Schöpfungslyrik.
Begonnen beim «Abendgang», der die Gefährten die von
ihnen unbemerkte Natur – den Blumenweg, die Falter, den
Sonnenuntergang, den Mond – durchstreifen lässt, über «Das
Moor», das hier nun seine eigentliche Bestimmung findet,
wird die dichterische Reflexion alsbald an ihr Ende gebracht.

Was Erika Burkarts Lyrik nämlich auch immer schon aus-
macht, wird hier gegründet: Jene kurze Einheit, in der sich
Wort und Wirklichkeit im Geist zusammenschliessen, bekommt Risse. So, wie die «Madonna im Mond» nur mehr auf
ein «Als ob» gestellt war, so setzt alsbald der Zweifel ein ob
der ausbleibenden Gewissheit und der Rückkehr in jene andere Zeitigkeit, aus der es kein Zurück mehr zu geben scheint
in das grosse «Wir». Die letzten vier Gedichte des Zyklus sind
Gespräche der Skepsis. «Kein Zeichen ward uns» artikuliert
den Schwund der «frühen Bilder», den Einbruch der End-
lichkeit, dem sich nur momenthaft eine Ahnung entgegen-
stellt, «[v]ielleicht [...] das Angesicht / Der Blume, die wir
längst vergassen» – oder das Gesicht der Toten, deren «kühler

40 Stefan George: «Ich darf nicht dankend an dir niedersinken». In:
    ders.: Das Jahr der Seele, S. 27.
41 Stefan George: «Dies ist reich des Geistes». In: ders.: Der Stern des
    Bundes, S. 83.

Mund» Züge trägt, «die wir nicht begreifen, / Als würde uns an Toten kund / Der Tag, dem keine Nächte reifen»[42].

Es ist an der Dichtung, diese Zeichen zu sammeln, die auf jene Zeitlosigkeit weisen. Sie ist längst eine oppositionelle Kraft geworden, die sich Gehör und Gefährten erkämpfen muss, nicht zuletzt gegen den Zivilisationsbetrieb, für den verdichtet «Die Moorschenke» steht: ein *locus horribilis* nicht in seiner Verfallenheit, sondern in seiner Behauptung von Licht, wo Dunkel sein soll, in seiner Behauptung von Musik (gespielt mit «elektrischem Klavier»), wo Stille herrschen sollte. «Ein Alp presst Menschen, Ding und Tier»[43] – damit endet das Gedicht; und die den Gedichtband abschliessende «Heimkehr» unterwirft auch das Ich nun jenem Alp. Am Ende angekommen bleibt von der einst gekannten Welt nur die Ahnung, und aus der Ahnung resultiert der Schmerz als eigentliches Movens dieser Dichtung:

> *Bin ich, o Acker, Wald und Auen,*
> *Euch unergründlich tief verwandt,*
> *Dass mich ein niegekanntes Grauen*
> *In eure stummen Qualen bannt?*
> *Als wär' euch schon anheimgesunken*
> *Mein Leib mit allen Lebensfunken.*

> *So gleite ich, den Toten gleich,*
> *Aus meines Daseins lauten Toren*
> *Und träufle in die feuchten Poren*

42 Erika Burkart: «Kein Zeichen ward uns». In: Der dunkle Vogel, S. 18.
43 Erika Burkart: «Die Moorschenke». In: Der dunkle Vogel, S. 21.

Der grossen Mutter, die das Sehnen
Mit Tau auslöscht und mit den Tränen,
Die Gott vergoss um unser Reich.[44]

An diesem Punkt nun wendet sich die Dichtung um. Theologisch betrachtet endet sie bei einem *Deus absconditus* und bei einer verlorenen Schöpfung, nicht unähnlich einem Weltentwurf, der ebenfalls dem Grossraum Basel entstammte, nämlich dem Carl Spittelers.[45] Aus einer solchen Welt heraus liesse sich jedoch kaum dichten bzw. umgekehrt: Wenn die Dichtung alleine noch von Gottes Tränen zu künden vermag, dann ist sie ein Relikt. Tradiert wird sie von Auserwählten, Eingeweihten, auf denen das Gewicht der Erinnerung lastet. Der Dichterin allein versöhnen sich des Abends «Heilge Welt und hehres Sehnen»[46]. Diese Versöhnung aber in der Sprache nicht halten zu können, sondern nur ihren Aufschein, ihren Abglanz forttragen zu können: Das verleiht Burkarts Versen die ihnen eingeschriebene Trauer, wie sie sie umgekehrt auch zum äussersten Ausweis einer begrabenen Wirklichkeit avancieren lassen.

Die Zweifel, die aus solch einer stetig wiederkehrenden Zwischenstellung erwachsen, werden diese Dichtung nicht nur durch ihre frühesten Zeugnisse begleiten. Anlass geben sie dort auch weiterhin zu einer Zwiesprache mit anderen, mit Vorgängern, auch mit George, von dem sich Erika Burkart hier

44 Erika Burkart: «Heimkehr». In: Der dunkle Vogel, S. 22f.
45 Vgl. Verf.: Totalität des Mangels. Carl Spitteler und die Geburt des modernen Epos aus der Anschauung. Würzburg 2001, S. 97–113.
46 Erika Burkart: «Abends». In: Der dunkle Vogel, S. 5.

und da noch einmal Zuspruch holen wird. Ihr 1960 erschienener Gedichtband *Die gerettete Erde* setzt sich einen Vers aus
dem *Stern des Bundes* als Insignie des ersten Zyklus: «Denk
nicht dass dort nichts ist wo du nichts siehst.»[47] Ein Wort, das
just jenem Zwischenraum der poetischen Anfechtung entstammt: Ihm voraus geht der Wunsch eines Ichs, «vom leichten eingangsworte» entbunden und wieder «unters dumpfe
volk» entlassen zu werden, da es für «die weitere weihe» nicht
tauge. Dem tritt das «Denk nicht dass dort nichts ist wo du
nichts siehst» entgegen: Wo die Dichterin und diejenigen, die
ihre Verse lesen, sprechen, die unbekannte, hohe Welt der
Poesie noch scheuen, kommt es ihnen aus dieser Welt entgegen: Ich bin dort, schon dort. Dort, in jenem Reich, aus dem
auch Erika Burkarts Gedichte stammen.

47 Stefan George: «Entbinde mich vom leichten eingangsworte». In:
    ders.: Der Stern des Bundes, S. 51.

Tabea Steiner

Die schöpferische Kraft der Poesie

Eine Wahrnehmung

«Auf der Strasse begegnete mir ein Kind, das mir, offenbar, etwas schenken wollte. Da es nichts bei sich hatte, bückte es sich und las einige Kiesel auf, die es in meine Hand legte.»[1]

Es sind nur zwei Sätze, welche diese kurze Geschichte ausmachen. Aber alles an dieser aus archaischen Ingredienzen bestehenden Szene – eine Strasse, ein Kind, ein paar geschenkte Kiesel – ist so präzise gesetzt, dass sich mir daraus Erika Burkarts Poetik erschliesst.

Die Strasse, auf der diese Begegnung stattfindet, wirkt zeitlos, und obschon sie irgendwo auf der Welt liegen kann, verbinde ich sie zu einem inneren Bild mit jenem Haus, in dem Erika Burkart fast ein Leben lang geschrieben hat.[2] Hier

1 Erika Burkart: Rufweite. Prosa. Zürich und München 1975, S. 152.
2 «ein Dorfkind, das, ausser auf Schul- und zwei missglückten Familienreisen, nie über seinen Heimatbezirk hinausgekommen war, das jedoch weit reiste, wenn es, schnuppernd, schauend, schaudernd, im Moor, im Garten und in den dreizehn zwischen Kellerverlies und Windenturm gestaffelten Räumen des Hügelhauses

hat sie ein Werk geschaffen, das auf ihrem ganz eigenen, anachronistischen Blick beruht,[3] dessen Spannkraft von Verinnerlichung über ein starkes Gegenwartsbewusstsein bis hin zu Verantwortungssinn für die Zukunft reicht.[4] Rezipiert wurde Erika Burkart trotzdem zumeist als Naturlyrikerin, illustriert von ein paar Porträts mit entrücktem Blick.[5]

Das Kind, dem die Dichterin auf der Strasse begegnet, wird zwischen zwei und sieben Jahre alt sein; in dieser Lebensphase hat der Mensch die Fähigkeit, sich alles als belebt vorzustellen.

Um dem Gegenüber anzuzeigen, dass es interagieren möchte, nimmt dieses Kind eine Handvoll Kiesel vom Boden auf – keinen besonderen Stein, bloss wertlose Kiesel, die da eben auf der Strasse liegen. Das Kind ist (noch) nicht eingebunden in eine Gesellschaft, in der Schenken eine Wechselwirkung bedeutet und Geschenke als Tauschobjekte aufgefasst werden.

auf befremdende Geräte und Gerüche verwirrende Formen und Farben stiess. Entzücken und Entsetzen des Entdeckers widerfuhren mir im Fabelreich der wirklichen Welt.» Erika Burkart: Das Schimmern der Flügel. Jugendmythen. Zürich 1994, S. 39f.

3 Für Heinz Schlaffer ist dieser Blick ein zentrales Element von lyrischen Texten: Vgl. Heinz Schlaffer: Geistersprache. Zweck und Mittel der Lyrik. München 2012, S. 36.

4 «Das 20. Jahrhundert ist die reale Antwort auf das irrationale Grauen der Menschheit vor sich selbst.» Erika Burkart: Grundwasserstrom. Aufzeichnungen. Zürich 2000, S. 164.

5 «Die Bezeichnung ‹Naturlyrikerin› greift zu kurz. Fünfzigjähriger tradierter Irrtum der Rezensenten. Nur Elsbeth Pulver, Ernst Halter, Hannes Schaub, Jürgen Egyptien und Dieter Fringeli sahen tiefer.» Erika Burkart: Am Fenster, wo die Nacht einbricht. Aufzeichnungen, hg. von Ernst Halter. Zürich 2013, S. 253f.

Dieses Kind könnte auch einfach nichts in die Hand legen, die ihm entgegengestreckt wird: In seiner Welt hätte es der Dichterin trotzdem etwas geschenkt, weil es allein diese Geste ist, welche die staubigen Steine in ein Geschenk verwandelt.

Und in eben dieser Geste liegt auch jene schöpferische Kraft, die das Kind mit der Dichterin verbindet.[6] Sie beide bestehen nämlich gleichermassen, wenn auch auf unterschiedliche Weise, auf dem Recht, die vorhandene Welt so zu sehen, als sei sie erst durch poetische Magie entstanden, als sei das Offensichtliche allein durch poetische Fantasie zu widerlegen.[7]

Dichterin wie Kind besiedeln archaische Gefilde, wo Materie, Pflanzen, Tiere, Menschen, Seelen und Geister nicht scharf voneinander getrennt werden, sondern miteinander verwandt sind, auf gleiche Weise ansprechbar, ineinander verwandelbar:[8] «Manchmal kriecht mein Nächster / in das

6   «Jede Dichtung ist vorerst ein Monolog. Erst beim Leser wird sie zum Gespräch.» Burkart: Am Fenster, S. 215.
7   Vgl. Schlaffer: Geistersprache, S. 146.
8   Vgl. Schlaffer: Geistersprache, S. 21. 18. Januar 2005: «Heute auf dem Lindenberg im Gehege einer Tierfarm ein *weisses* Reh gesehen inmitten eines Rudels brauner Rehe. Weidend im Abendnebel eines Rauhreifwaldes. Das erste weisse Reh, das ich sehe in meinem Leben. Der Wunsch, es möchte unser Haustier sein. Mit der Wirklichkeit einer derartigen Wildhaltung völlig unvereinbarer Wunschtraum, eingegeben von den Mythen der Kindheit (‹Brüderchen und Schwesterchen›, Schwesterchen hätte ein Brüderchen). Mir fällt das Gedicht von Marvell ein: ‹Nymphe, den Tod ihres Rehkalbs (*fawn*) beklagend› (‹*Lilies whitout, roses within...*›). Mit scheuer Wachsamkeit begutachteten uns die Augen (Lichter!) des jungen Damhirschs, der, jenseits des weitmaschigen Draht-

Fell eines Hasen».[9] Eine solche Dichtung kümmert sich nicht um anthropologische Grenzen. Vielmehr werden Gottheiten, Tiere oder Gegenstände gleichermassen und hierarchielos adressiert.[10] An der animistischen Überzeugung – dass alles in der Welt in alles Mögliche verwandelbar und (nicht nur

zauns, uns erst folgte, dann, dicht am Gitter, uns begleitete. Wie eine Krone trug er sein samtenes, noch wohlproportioniertes Geweih, eine Krone, die nicht vom Kopf fällt, wie immer er diesen auch neigt oder wendet. Während das prinzliche Tier im fahlen Fell immerzu an unsrer Seite ging, empfand ich seine zaubrische Gegenwart als die eines in ein Tier verwandelten Menschen. Dennoch schrak ich zusammen, sobald er, ein einziges Wort äussernd, sprach, sich kundtat in einem menschenlautähnlichen Idiom.» Burkart: Am Fenster, S. 132f.

9   Erika Burkart: Die Freiheit der Nacht. Zürich und München 1981, S. 15.

10   «Als ich mich kämmen wollte, erblickte ich am Spiegelrahmen ein zirka fünf Zentimeter langes missfarbenes Tier mit langen dürren geknickten Beinen, einem hässlichen Kopf und kahlen Flügeln: ganz offenbar, wie mir der Verstand sagte, eine gewöhnliche Heuschrecke. Ich aber, in der Nervenschwäche und im Schock, sah Kafkas Käfer (‹Die Verwandlung›). Eine kleine Schachtel über das Tier stülpend, versuchte ich, dieses zu fangen, was nicht gelang, da ich in der Angst, das befremdliche Wesen zu verletzen, die Schachtel nicht genügend kräftig gegen den Rahmen presste. Schauerlich anzusehn, tasteten die dürren Beine des Tiers unter dem Schachtelrand hervor, es folgte der Totenkopf. Freigekommen, liess es sich fallen und verschwand unauffindbar hinter dem Waschtisch. – Am Abend hockte es hoch an der Wand auf der verblassten Leinwandtapete (die hierdurch zum Leichenlaken wurde), das ‹graue Männchen›, der bucklige Zwerg, und wurde unter einem Sieb, dem ein Karton untergeschoben worden war, ins Freie befördert, wo es wieder ein simples Heupferd war.» Burkart: Am Fenster, S. 261.

von Geistern) belebt sei[11] – wird mit geradezu kindlich über-
zeugtem Selbstverständnis festgehalten: «Ein Hase läuft über
den Weg, / ein Hase bringt Glück!»[12]

Man muss an den Glücksbringer glauben, das Geschenk
annehmen, die Geste anerkennen, wenn aus staubigen Kie-
seln Poesie werden soll. Offenbarte sich der Passantin die
Intention des Kinds nicht, gingen Kind und Dichterin aneinander vorbei.[13] So aber treffen Kind und Dichterin nicht nur
aufeinander, sie treffen auch das Zauberwort – auch wenn
sich im Übrigen gar nichts geändert hat.[14]

In dieser von gesellschaftlichen Konventionen über Besitz
oder Tauschhandel losgelösten Realität begegnen sich also
ein Kind, das die Welt gerade erst für sich entdeckt, und eine
Dichterin, die zurückgezogen in ihrem kleinen Kosmos ein
ganzes poetisches Universum geschaffen hat[15] – und die mög-

11 Vgl. Schlaffer: Geistersprache, S. 21.
12 Burkart: Die Freiheit der Nacht, S. 79.
13 «Denke dir eine Kugel in einem unabsehbaren Raum. Denke dir,
    ihre Oberfläche stelle dar, was wir wissen; was angrenzt, ist das
    Nichtgewusste. Nimmt, mit dem Wachstum der Kugel, die Ober-
    fläche zu, rührt sie an immer mehr Nicht-Gewusstes.» Burkart:
    Grundwasserstrom, S. 155.
14 Vgl. Schlaffer: Geistersprache, S. 138. «Wissenschaftlich nicht
    nachweisbare, telepathische Organe, die übermitteln, wenn der
    letzte Draht reisst, die drahtlose Elektronik ausfällt, Wellen sich
    einschalten eines Bereichs, wo Erfahrung so wenig einbringt wie
    Forschung. Es sind sehr klare, durchaus keine ‹raunenden› Bot-
    schaften, die uns auf diesem Weg erreichen.» Burkart: Grundwas-
    serstrom, S. 72.
15 «Jeder Mensch ist, in sich, für sich, ein Planetensystem, in wel-
    chem er bald Zentrum, bald Trabant, bald äusserster kaltgestellter
    Mond, ein vereister Trümmerbrocken ist. Unsere Sonnen-, Erd-,

licherweise sogar dieses Kind geschaffen hat. Es steckt ein ungeheures Selbstverständnis in solcher Ermächtigung. Zugleich aber installiert sich diese poetische Instanz in einem fragilen Gehäuse, das leicht von aussen eingerissen werden kann. Ein Lautsprecher reicht vollkommen aus:

> Geschirrabtrocknen in der Küche. Zufällig sehe ich auf und sehe am Fuss der Treppe im hohen rechteckigen Steintor in der Gartenmauer ein lediges braunes sehr edles Fohlen auf der Strasse vorbeiziehen. Kein Kind, selbstgenügsame, wundersame Adoleszenz. Ohne Begleitung, ungesattelt, spaziert es gelassenen Ganges, anders, fällt mir auf, als wenn es am Zügel ginge oder belastet oder befehligt von einem Reiter. Einen Moment lang frage ich mich – das Pferd ist verschwunden –, ob ich geträumt habe; schritt das junge Wesen doch so, als ginge es nicht auf einer Strasse, sondern in einer Sage: traumwandelnd, frei, angstlos anmutig mit keinem Ziel, da es ganz bei sich ist, Zaun und Zaum entronnen, *a thing of beauty*, eine Natur-Seele, schuldlos schön; ich werde sie nie vergessen, die Mittagserscheinung zur Zeit des höchsten Sonnenstands. – Bald darauf hörte man eine Lautsprecherstimme, die bekanntgab, ein braunes Fohlen werde vermisst.[16]

Aber ein Geschenk, zu dem man auf diesem Wege kam, kann einem niemand nehmen, und auch das wundersame Fabelwesen zur Mittagszeit gehört einem für immer: Weil es als

Mondzeiten. – Doch nie erreichen wir den Glanz systemfremder Sterne.» Burkart: Grundwasserstrom, S. 90f.
16 Burkart: Am Fenster, S. 132.

solches wahrgenommen worden ist.[17] Und in diesem Selbstverständnis, Geschenke anzunehmen, manifestiert sich, so scheint mir, die Poesie der Erika Burkart.

17 «Obsession. Wo zwei Augen sind, ist auch schon ein Gesicht: im Stein, im Laub, an der bröckelnden Mauer, der Baumrinde, im Meerschaum und in – der Luft. Das Windgesicht.» Burkart: Am Fenster, S. 256.

Claudia Storz

Vom Gran Chaco nach Salamanca

Erinnerungen

Sommernacht

Unter dem Sommerhimmel decken Frauen Tische mit weissem Leinen. Das grosse Fest mit Tanz wird im Schlosshotel Brestenberg stattfinden. Im schönsten Hotel vom Aargau, am Hallwilersee gelegen. Das Wetter würde warm und trocken bleiben, also können sie unter den Kastanienbäumen Porzellan und Kristall decken, in ihren Gärten zu Hause haben sie Blumen geschnitten, die sie in Gläser zwischen das Geschirr stellen, um den literarischen Ball zu schmücken.

Ein literarischer Ball? Sind wir im neunzehnten Jahrhundert? Bei Theodor Fontane? Oder im zwanzigsten Jahrhundert im Aargau?

Die Tanzband spielt sich ein. Es sind die Musikstudenten vom Bruno Gandet-Quintett oder gar die Band vom jungen Pepe Lienhard. Die Bläser dudeln übermütig, Klangketten perlen in die Nacht, erste Tänzer und Tänzerinnen trudeln ein.

Die Musiker haben dasselbe Gymnasium in Aarau abgeschlossen, das ich selbst noch besuche, sie sind wenige Jahre älter, es ist das Jahr 1967. Mein Vater schaut seine weissen Karten noch einmal durch. Gedichtfragmente, Namen und Liedtexte, die er notiert hat für einen kleinen Wettbewerb. Er leitet die Literarische- und Lesegesellschaft Aarau, einzelne Jahre mit Elisabeth Suter zusammen. An jedem Ball gibt es einen Wettbewerb. Herrliche blauweisse Sträusse habe ich in Suters grossem Garten gebunden, dies Jahr blüht der blaue Rittersporn besonders reich.

Sind dann die Sommerfrauen mit den langen Kleidern und den nackten Armen erst müde vom Tanz, wird mein Vater nach vorne treten und alle zusammen rufen. Die Menschen werden sich um ihn scharen und er wird Bücher und ein Nachtessen mit einer Dichterin als Hauptgewinn für den Wettbewerb vorstellen und dann mit den Fragen beginnen. Alle Jahre, wenn die ersten Linden blühen, findet der Ball statt. Ihr süsser Blütenduft erinnert mich stets an die Tänzerinnen und Tänzer.

Der kleine Wettbewerb hebt die Stimmung, es sind stets die Damen, die die Gedichtbände gewinnen. Ich bin schon das dritte Mal dabei und voller Spannung, denn heute um Mitternacht wird eine Lyrikerin als Gast kommen, mein Vater hat sie eingeladen. Ihren Namen gibt er nicht preis. Die Ader auf seiner Stirne zeigt mir an, dass er aufgeregt ist.

Beflügelt von der Musik und der Bewegung kühlen sich die Tänzer mit Getränken, plaudern und spazieren im Park.

Da spielt die Band einen Tusch. Und schon tritt mein Vater mit dem Gast aus dem dunklen Schlossportal in den Garten. Er stellt die Lyrikerin Erika Burkart vor am Mikrofon, leuchtend weiss steht sie in einem Spitzenkleid, silbern, so kommt sie mir im Kerzenlicht vor.

Und später werde ich in ihrem ersten Roman *Moräne*[1] lesen, dass sie ihrer literarischen Figur, ihrem Alter Ego Lilith, die Farbe Silber zuordnet.

Ihre Worte vom geheimnisvollen Moor, von den flüsternden Bäumen in der Nacht scheinen hier und für diesen Ort entstanden. Gebannt lauschen alle ihrer zarten und leicht brüchigen Stimme.

Nach der Lesung schleiche ich mich vom Tanz weg in den Schlosssaal und entwende von einem der vielen Kristallleuchter ein kleines, schimmernd hängendes Glasornament. Ein halbes Jahrhundert später liegt dieses kleine Kristallplättchen noch immer bei meinen Lyrikbänden.

Herbstnachmittag

Mit dem Zug fahre ich nach Muri und weiter im Postauto nach Aristau und Althäusern. Erika Burkart erwartet mich am steinernen Tor in der alten Mauer ihres Gartens. In Herbstfarben liegt er dahinter rostrot, gelb und hellbraun. Ich bin zum ersten Mal im Haus Kapf eingeladen und freue mich auf das sagenumwitterte Haus. Es ist das Jahr 1994 und ich habe in den letzten zwanzig Jahren viel von der «Doyenne der Aargauischen Lyrik», wie sie in Besprechungen genannt wird, gelesen, bin an ihre Lesungen gegangen und habe sie in Gesprächen kennengelernt.

1   Erika Burkart. Moräne. Der Roman von Lilith und Laurin. Olten 1970.

Mit schönem Geschirr hat sie einen kleinen Tisch vor der Südfront gedeckt, die Sonne wärmt. Ich glaube mich an eine herbstlich rote Jungfernrebe an der Hausmauer zu erinnern und an einen Bambushain, er erinnere sie an den Vater. Ein Krug mit Kräutertee und mit Butter bestrichene Darvidas liegen bereit. Doch zuerst führt Erika Burkart mich durch das grosse alte Haus und erzählt von seiner Vergangenheit. Bemalte Wandbehänge, Bücher im Halbdunkel und blaue Gläser zwischen den Vorfenstern bleiben in meinem Gedächtnis. Das Haus gehörte zum Kloster Muri. Ich sage ihr, dass mir – neben ihrer Lyrik – auch ihre Prosa besonders gut gefalle, die Notate einer Lyrikerin, episch verwoben.

Sie erzählt von früher, von ihrer Kindheit, als das Haus Kapf ein Gasthof war und ihre Eltern, die in völlig verschiedenen Gedankenwelten lebten, diesen führten. Wie sie den Kindern Irland und Südamerika lebendig beschrieben, wo sie je allein einen Teil ihrer frühen Erwachsenenjahre verbracht haben, dann leuchteten ihre Augen in den fernen Landschaften.

mein vater der indianer
der mir das herz aus der brust schnitt
meine mutter mit dem flügelschritt
schwester die den tierkreis durchritt ...

Unmöglich. Drei Reime![2]

So lässt sie es ihre Figur Laurin ausrufen und dann diesen Vierzeiler verbrennen.

2   Burkart: Moräne, S. 120.

Nun bricht es aus mir hervor, was mich seit dem Sommer bewegt und ich berichte von meiner neuen kleinen Tochter aus Südamerika. Wie uns eine Jugendrichterin von dort kontaktiert hat, unseren Namen auf der Liste «Padres para Niños» auswählte und wie wir viele lange Wochen mit der Kleinen in Südamerika reisten und lebten, damit wir uns aneinander gewöhnten. Erst danach konnte das elternlose Kind im Kinderheim selbst bestimmen, ob sie gern von uns adoptiert werden möchte.

Erika Burkart will alles hören. Sie stellt einfühlsame Fragen, möchte Fotos vom Mädchen sehen, spricht von Kaspar Hauser und den Wolfskindern. Dann erzählt sie von den Indianern, die ihr Vater Walter Burkart auf vielen Reisen in Südamerika erlebt hat, von Eingeborenen, die ihn monatelang helfend auf Exkursionen in Paraguay begleiteten und ihn oft auch bedrohten auf äusserst grausamen Abenteuern, die er in dem Buch *Der Reiherjäger Gran Chaco* festgehalten hat. Erika Burkart will von meinem neuen wilden Mädchen hören. Die Kleine kann nicht lesen, kann nicht schreiben, ihr Alter, zehn Jahre, ist zwar verbrieft, doch ist sie klein und ihre sozialen Fähigkeiten sind ganz andere als die eines Schulkinds. «Wir können sie nicht in eine Schweizer Staatsschule geben», sage ich, «ihre Überlebenstaktiken würden ihr hier Schwierigkeiten bereiten.» Erika Burkart ist ganz Ohr, sie hat das beobachtende und lauschende Kind, das sie selbst war, in vielen Texten verewigt. Sie erzählt vom Vater, wie er in Lebensgefahr kam und mit dem Gewehr andere Männer in Schach hielt, wie er in seinen beiden Töchtern Erika und Mimosa erschrecktes und wohliges Schaudern hervorrief. «Seine Texte stammen aus lang vergangenen Welten», sagt sie. Aus kolo-

153

nialistischen Zeiten, heute ist man befremdet, wenn man sie liest. Dann darf ich im Haus die Jagdtrophäen ansehen. War es ein vertrockneter kleiner Alligator? Messer, Reiherfedern und Schlangenhäute.

Kurz danach lädt mich die Rektorin vom Kindergartenseminar Frieda Vogt zu einer Lesung vor ihren Studentinnen ein. Irgendwie kommen wir auf Walter Burkart zu sprechen und Frieda Vogt schenkt mir das vergriffene Buch vom *Reiherjäger*[3] und seinen Jagden in Argentinien und Paraguay.

Nun verstehe ich Erika Burkarts Befremden, wenn ich Sätze lese von den «ältesten Weibern, die sonst zu nichts mehr zu gebrauchen sind»[4], die Maiskörner kauen und sie in Tonkrüge spucken, was dann aufgekocht wird und zu Maisschnaps vergärt getrunken wird. Oder von den ChamacocosIndianern: «Stets gierig und heisshungrig müssen sie darauf bedacht sein, ihre dicken Wänste zu füllen.»[5]

Nach dem Modell ihres Vaters erschafft Erika Burkart die Figur Robur in ihrem ersten Roman *Moräne:*

> Ein animalisch üppiger, mehr schwermütiger als verächtlicher Mund verstärkte den Eindruck von Verwilderung und jenem von Grund auf Unordentlichen, Vorläufigen, das diesen Mann umtrieb und ihm abenteuersüchtige Freunde gewann, die sich endlich doch getäuscht oder enttäuscht sahen, da Robur sich nicht hinter die Karten blicken liess und allen [auch wenn er

---

3   Walter Burkart: Der Reiherjäger vom Gran Chaco. Als Jäger und Goldsucher vom Amazonas zum La Plata. Zürich 1962.

4   A. a. O., S. 38.

5   A. a. O., S. 51.

getrunken hatte] fremd blieb als einer, der zu lange «drüben» gewesen war, um sich je wieder heimisch zu fühlen unter Leuten, die sich nie mit einer Anakonda oder dem hinterhältigen Schmalblick eines Wilden gemessen hatten.[6]

Immer – wenn wir uns fortan treffen, möchte Erika Burkart von meiner wilden Tochter hören, ihrem schwierigen Leben als Heranwachsende in der Schweiz. Wie sie sich aufbäumt und sich wehrt gegen das Aufgabenmachen und Einfügen.

Sie selbst war doch hin und her gerissen zwischen der Sehnsucht und den Ansprüchen des Alltags, zwischen dem wilden Vaterteil in ihr selbst und dem Erbe der ausdauernden, frohmütigen Frau, deren Jahre als Hauslehrerin in Irland unauslöschlich sind. Das keltische, verzauberte Grüne prallte auch in diesem Haus auf das grimmige, lebensbedrohliche Südamerika, sowohl in der Schenke, als auch in der Ehe ihrer Eltern. Sie schreibt 1970 die folgenden Sätze zur Mutterfigur:

Ich bin schon lange hier. Auch meine Mutter war einst lange hier. [...] Wenn sie die dunklen Windmale im Laub betrachtete, dachte sie an mich. Unter einer Birke sass sie und nähte, als ich mich zum erstenmal in ihrem Leib bewegte. [...] Unterdessen sind die Birken um einige Meter gewachsen. [...] In Irland gibt es ausserordentlich grosse, herrliche Bäume, deren Umgang man sucht wie den eines Menschen. Da immer Wind ist, stehn ihre Blätter nie still.[7]

155

6   Burkart: Moräne, S. 45.
7   A. a. O., S. 371.

Erika Burkart ist müde vom Erzählen: «Ich habe dir ein Taxi kommen lassen», sagt sie und verabschiedet sich.

Wortlos legt sie mir die wunderbare von ihr gewidmete Erstausgabe von *Moräne* in die Hand. Wie in allen Briefen – und wohl auch in ihren Entwürfen – schreibt sie die Widmung zart und fast unsichtbar mit weichem Bleistift ins Buch.

Wintermorgen

Seit Monaten schreibe ich an *Burgers Kindheiten*, einem Buch mit dokumentarisch biografischen und erzählenden Zügen über den Schriftsteller Hermann Burger. Ich darf – nach seinem Tod im Februar 1988 – im Nachlass in Bern recherchieren und es soll ein Roman nach angelsächsischem Vorbild werden, *faction* wird die Textsorte dort genannt, ein Wortspiel zwischen *fiction* und *facts*. Ich schreibe dem Leben und Werk Burgers entlang.

Erika Burkart und ihr Mann Ernst Halter – Burgers Freunde seit mehr als dreissig Jahren – stehen Modell zu zwei Figuren in seinem letztem Roman *Brenner*. Ich weiss vom Schriftsteller selbst, welch wichtige Rolle die vierzigjährige Erika Burkart für ihn als jungen Germanistikstudenten und Dichter gespielt hat, wie sie in Gesprächen über Fontane und Rilke zueinander gefunden haben. Sie war die weise Ratgebende, die bewunderte Dichterin und die angebetete Frau für ihn in einer essenziellen Lebensphase.

Nach meiner Recherche in seinen Werken und im Literaturarchiv in Bern schreibe ich an meinem Buch. Minutiös und fein ziseliert sind Burgers Texte über «Irlande von Elbstein-Bruyère und Bert May», die Figuren, die er nach dem Modell von Erika Burkart und Ernst Halter geformt hat. «Irlande» als Hommage an ihre Mutter. «Lilith» nennt er sie in anderen Texten, nach der Frau, die sie selbst in *Moräne* erschaffen hat.

In seinem Roman *Brenner* wird Burger in artistischem Schreibstil den Moment nutzen, um «ihres hochsommernächtlichen Kleides Erwähnung zu tun, durch einen duftigen, halbtransparenten, königsblauen mit weissen Tupfen übersäten Voile-Schleier schimmern meergrün und mauve die Akzente eines Modells aus Mantua, dazu trägt sie weisse Kniestrümpfe und goldene Stöckelsandaletten, eine filigrane pedestrische Konstruktion im Vergleich zum schweren Ährengold ihres Haares [...]»[8]

Über Bert May, alias Ernst Halter, schreibt Hermann Burger: «Es gibt nachgerade nichts, was er nicht weiss, würde man ihn fragen, wie die Puffer der Tanssibirischen Eisenbahn abgefedert seien, liesse eine Antwort nicht lange auf sich warten.»[9]

Er hat seine zwei nahen Freunde bis kurz vor seinem Tod besucht. Aber auch sie beide wurden von seinem Sterben erschreckt und überrascht: Er habe sich doch so gefreut über die Publikation vom zweiten Band Brenner und auf seine bevorstehende Lesereise.

8   Hermann Burger: Brunsleben. Frankfurt a. M. 1990, S. 202.
9   Hermann Burger: Menzenmang. Frankfurt a. M. 1992, S. 90.

Frühlingsabend

In Salamanca, in Spanien steht eine wunderbare alte Mühle am Fluss Tormes, «Fabrica de Harinas, El Sur» heisst sie. Die Schweizer Firma Bühler aus Uzwil hat Ende des 19. Jahrhunderts die Maschinenteile geliefert, mehr als hundert Jahre wurde in ihr gearbeitet, jetzt steht sie unter Denkmalschutz.

Mein Lebenspartner Rolf Bürli hat im Frühjahr 2010 den Auftrag bekommen, über diese poetische alte Mühle, eine Reportage zu schreiben. Er schlägt mir vor gemeinsam zu arbeiten, wie wir das schon oft getan haben.

Schon einmal war ich früher in der mittelalterlichen Universitätsstadt Salamanca westlich von Madrid und konnte das Jugendstilmuseum dort mit den alten Gläsern nie vergessen, die grosse Sammlung von zarten Gallé- und Tiffanygläsern. Auch das Muschelhaus bleibt mir im Sinn, die «Casa de Conchas» mit den vielen gemeisselten Jakobsmuscheln aus altem gelblichem Stein und das steinerne Fröschchen auf dem Schädel, das die Weisheit in einer der ältesten Universitäten der Welt symbolisiert.

Jetzt ist es April und es regnet, ist kalt. Das Jugendstilmuseum steht wie eine farbig leuchtende Lampe da, erhellt die frostige Dunkelheit. Rolf erzählt mir von der Technik der alten Mühle und macht Fotos. Das Gebäude steht offen und wir betreten es, auch ihre mittelalterliche Schwester «Molino el Muradal» daneben, verwachsen im Schilf am Fluss.

Da erreicht mich eine Kurznachricht der Künstlerin und Freundin Heidi Widmer. Sie habe von Ernst Halter eine Nachricht bekommen, dass Erika Burkart ins Koma gefallen sei. Sie werde jetzt an ihr Bett gehen, ins Spital von Muri.

Ich antworte ihr schnell. Die Nachricht wühlt mich auf. Heidi Widmer löst den erschöpften Mann ab, bleibt an ihrem Bett sitzen, wacht durch den Tag bei der Sterbenden. Es war der 14. April 2010. Später erfuhr ich die Vorgeschichte:

Damals, vor vielen Jahren, als Heidi Widmer durch Südamerika reiste als junge Frau und sich auf Konsulaten jeweils Zeitungen aus der Heimat holte, begegnete ihr dort ein Gedicht von Erika Burkart, ein Gedicht über ihren Vater – seinerzeit Fischreiherjäger im Gran Chaco von Bolivien und Paraguay – also ganz in ihrer Nähe! Gerührt über diesen Zufall beschloss sie, dieses Erlebnis Erika Burkart später zu erzählen. So kam es zur ersten Begegnung im Hause Kapf im Jahr 1972.

Sie besuchte die ihr unbekannte Lyrikerin mit einer Zeichnung und einem Lapislazuli als Geschenk. Seit damals sind sie sich ganz nah, haben Weihnachten gefeiert miteinander und sich oft besucht. Heidi Widmer, die auch eine begnadete Fotografin ist, hat Erika Burkart und Ernst Halter unzählige Male fotografiert.

Wiederum bringt Heidi Widmer einen Lapislazuli nach Muri ins Sterbezimmer mit. Sie schreibt mir, wie Erika Burkart den kühlen Stein in ihrer Hand fühlte und wie sie zum ersten Mal wieder ihre Augen öffnete. Soll ich dir eines deiner Gedichte vorlesen? Erika Burkart nickte und Heidi Widmer las. Ein zweites? Erika Burkart verneinte stumm und dann starb sie.

Ich kehrte Jahre später in die mittelalterliche Stadt Salamanca zurück und fand: Diese Stadt gehörte vom ersten Augenblick an wieder Erika Burkart, dem Lapislazuli und Heidi Widmers Geschichte.

159

Geschieht Erinnerung auf diese Art? Verewigen wir – unter starken Gefühlen – einen sterbenden Menschen in einer Landschaft? Ist die Landschaft ein Fenster, durch das wir einen Menschen sehen, der uns im Moment besonders nahe ist?

Ich denke, Erika Burkart hätte Salamanca geliebt. Die gotischen mittelalterlichen Quader, die am Morgen in kühlem Hellgelb leuchten und ins warme Rosa am Abend wechseln, «Piedras Francesas» genannt, obwohl in Spanien gebrochen. Sie lassen irische Städte in mir auftauchen.

«Meister Tod» hat Erika Burkart das Sterben in einem ihrer Gedichte genannt und damit das barocke Bild vom Schnitter beschworen. Keinen bedrohlichen und keinen gnädigen Tod, sondern den Lehrer und Meister selbst. Ernst Halter hat in ihrer Todesanzeige ein Gedicht von ihr abgedruckt.

Meister!
Rühr mich nicht an,
noch erreicht mich das Licht,
noch kann ich klagen,
das Schweigen befragen,
verstehe, was mitklingt, erwache,
verschreckt, an verschollenen Orten –
noch darf ich worten
aus meinem verlorenen,
nackten Gesicht.[10]

---

10 Erika Burkart: «Der Tod und die Frau». In: Das späte Erkennen der Zeichen. Gedichte. Frankfurt a. M. 2010, S. 86.

Eine Vision der Wirklichkeit

Zu *Die Vikarin. Bericht und Sage*

Erika Burkart ist vor allem als Lyrikerin bekannt und anerkannt. Ihr erstes Prosawerk, *Moräne. Der Roman von Lilith
und Laurin*, erschien 1970, sie war 48 Jahre alt, hatte bereits
acht Lyrikbände veröffentlicht und dafür mehrere renom-
mierte Preise erhalten. Es folgten – neben weiteren Lyrikbänden – vier Romane und zwei Bände mit Aufzeichnungen.
Die Vikarin. Bericht und Sage erschien 2006 als letzter Prosaband, vier Jahre vor Erika Burkarts Tod im Jahr 2010. *Am
Fenster, wo die Nacht einbricht*, ein Band mit Aufzeichnungen
aus dem Nachlass, wurde 2013 von Ernst Halter herausgegeben.

   Die Aufzeichnungen enthalten meist kurze Texte, Reflexionen und Beobachtungen, die Ausdruck sind von Erika
Burkarts intensiver und andauernden Suche nach der gülti-
gen Formulierung für ihre Erfahrungen und Erkenntnisse.
Die Romane sind sehr dichte Texte. Sie erzählen Geschichten
von Menschen, ihren Beobachtungen, Reflexionen, Träumen
und Visionen. Der Ort der Handlung ist immer das aargauische Freiamt, vor allem das Haus Kapf. Orte, einzelne Ereignisse und Personen sind autobiografisch identifizierbar. Die

Romane und der Bericht sind allerdings mehr als autobiografische Texte. Der Untertitel von *Die Vikarin – Bericht und Sage* – weist darauf hin, dass Tatsachen ergänzt wurden mit einer Sage, das heisst Erfundenem, weil einerseits die Erinnerung nicht lückenlos ist, und Sprache andererseits die Vielschichtigkeit des Menschseins nicht ausdrücken kann. Die Ich-Erzählerin ist Schriftstellerin, erzählt aus ihrem Leben, reflektiert ihre Arbeit und bezeichnet den Text, den sie verfasst, als eine «Vision der Wirklichkeit»:

> Sobald Sprache dazu dienen sollte, zu sagen, wie dies und das gewesen war und wohin die «unvergesslichen Stunden» geführt hatten, entzog sie sich. Von Beschreiben unterschied sich Schreiben durch Selbsttätigkeit; damit sich das Leben in der Schrift wiedererkannte, mussten die der täuschenden Realität zugrundeliegenden Schichten mitgeschaut werden und zur Sprache kommen in der Korrektur der sogenannten Fakten zugunsten einer Vision der Wirklichkeit.[1]

Die Ich-Erzählerin stellt diese «Vision der Wirklichkeit» her, indem sie ihre Erinnerungen und Gefühle, historische Ereignisse, Überlegungen zu Entwicklungen und Vorfällen sowohl in der Vergangenheit wie in der Gegenwart, aber auch Träume und Visionen assoziativ zusammenführt und so die «innerweltliche Gleichzeitigkeit von Bildern, Gedanken und Emotionen in ein lesbares Schriftstück»[2] verwandelt. Jeder

162

---

1   Erika Burkart: Die Vikarin. Bericht und Sage. Zürich 2006, S. 107. Im Folgenden wird dieser Titel lediglich mit der Seitenzahl zitiert.
2   S. 107.

Absatz ist bedeutungsvoll, nimmt Bezug auf Vorangegangenes, führt zu Neuem. Die Lektüre verlangt grösste Aufmerksamkeit und regt die Leserin, den Leser ständig zur Reflexion eigener Erfahrungen sowie über die Gültigkeit der Aussagen der Erzählerin und ihrer Figuren an. Der Bericht erfüllt die Anforderung an bedeutsame Texte, wie die Erzählerin sie selbst definiert: «Eine Lektüre wird relevant, wenn man im Licht des Gelesenen die eigene Existenz betrachtet auf einschlägige Erlebnisse.»[3]

In *Die Vikarin* berichtet die Ich-Erzählerin von einer Zeit, die fünfzig Jahre zurückliegt: «Heute, nach einem halben Jahrhundert, suche ich sie und finde sie wieder, die Morgenwege, Schulwege, Abendwege, Heimwege [...]»[4] Es war die Zeit des Zweiten Weltkriegs, in der die Erzählerin als junge Frau, Eva, nach Abschluss des Lehrerinnenseminars sich ganz dem Schreiben widmen wollte und als Vikarin, Stellvertreterin von Lehrern, die Militärdienst leisten mussten oder krankheitsbedingt ausfielen, den Lebensunterhalt verdiente. Die Erzählerin blickt als etwa siebzigjährige Schriftstellerin auf diese Zeit zurück und will, in Erinnerung an diese Erfahrungen, «Mut holen»:

Ich kehre, schreibend, in jene Jahre zurück, um beim Menschen, der ich damals war, Mut zu holen und einen Funken von jener grundlosen Freude, die im Alter erkaltet zu Schlacke; Abraum, Asche, Traum-Geschiebe: Folie den Faltern des Hermes, die mich zu den Kindern führen. Kinder verkörpern ein

3   S. 58.
4   S. 12.

unausmessbares Potential an Hoffnung, das wahrnimmt, wer sich noch selbst in den Hoffnungsplan einbezogen fühlt.[5]

Die Kinder in den verschiedenen Klassen, die sie vorübergehend unterrichtet, spielen eine wichtige Rolle in diesem Buch. Die junge Lehrerin jedoch, die ihre Rolle als Pädagogin sucht, sich aber vor allem als Schriftstellerin versteht, ist die Hauptperson. Sie fühlt sich als «*go-between* zwischen Brot- und Wahlberuf»[6]. Sie verzichtet auf eine feste Anstellung, eine ökonomische Absicherung, weil sie schreiben will, auch wenn sich erstmal herausstellt, dass Schreiben «Sisyphus-arbeit»[7] ist. Denn Schreiben ist für sie «gerettetes Leben»[8]. Im Schreiben findet sie ihr eigenes, eigentliches Leben: «Auch die Schule war ein Leben, ereignete sich aber anderswo und endete, samstags nach 12, häufig in der Bodenlosigkeit der Erschöpfung.»[9] Da blieb zu wenig Zeit zum Schreiben.

Wege des Erinnerns

Mit dem an den Anfang von Märchen oder Sagen erinnernden Titel «Zu jener Zeit» beginnt das erste Kapitel von *Die Vikarin* nicht mit einer Schilderung von Erinnerungen, sondern mit einer Reflexion über das Erinnern: «Wir erinnern, um uns der Zeit und unsrer selbst in ihr zu versichern. Die Er-

5   S. 19.
6   S. 159.
7   S. 22.
8   S. 126; 159.
9   S. 159.

innerung ist Arbeit. Mit ihr kämen wir nicht zurecht, stünde uns nicht das Vergessen bei.»[10] Mit dem Bild des Meeres am Abend verweist die Erzählerin auf die Quellen der Erinnerung, den Traum: «Im Schlaf zieht die Flut sich zurück, und das träumende Auge erblickt die Unterwasserlandschaft.» Es folgt die Beschreibung einer Erinnerung, die wie eine traum- oder märchenhafte Welt wirkt. Sie stösst auf Kinder, die im Wald spielen, die «Nachkriegskinder im Totenwald der Zeit [...] und alle Wege sind verschneit.»[11]

Die verschiedenen Wege, die die Erzählerin beschreibt, führen zu den bedeutsamen Orten ihres Lebens und eröffnen Blicke auf Erfahrungen und Empfindungen, die mit diesen Wegen verbunden sind. Der wichtigste Weg war der Weg nach Hause. «Es gibt die Wege im Krieg und die Wege nach dem Krieg. Als ausserzeitlich erweist sich das kurze Wegstück, das mich abends nach Hause bringt. Aus dem Blickwinkel der Erschöpfung wahrgenommen, bleibt es in der Topographie der Lebenswege das klarste.»[12] Dieses letzte Stück Weg zum Elternhaus nimmt eine besondere Stellung ein, es ist «ausserzeitlich», das heisst an keine bestimmte Zeit in ihrem Leben gebunden. Es führte sie stets zu den Eltern im Haus Kapf im aargauischen Freiamt: «Ausser der trüben Ampel am Eck, wo die Strasse um unsre Gartenmauer biegt, gab es keine Laterne. Ins Lichtfeld meiner Velolampe trat Pflock um Pflock, ein Weidezaun begleitete mich, vorbei am Paradiesbirnbaum des Nachbarn; rechter Hand rückte die Mauer

10 S. 11.
11 S. 12.
12 Ebd.

in Sicht, die den Kapf-Garten gegen die Strasse abschliesst.»[13] Das Haus in diesem Garten ist alt, «von Zeit und Witterung heimgesucht» und wurde von ihren Eltern als «eine vorwiegend Verluste einbringende Gastwirtschaft betrieben»[14]. Die materielle Armut in diesem Haus wird in der Schilderung des Flurs im Erdgeschoss sichtbar: der Elektroschalter ist defekt, die Rechen sind rostig, die Weidenkörbe sind zerfranst.

Das erste Kapitel führt alle Themen des Berichts ein: Die Tätigkeit als Vikarin, das Elternhaus, der zwiespältige Charakter des Vaters, die verständnisvolle Mutter, die Armut in den Dörfern, der Krieg, die internierten Kriegsflüchtlinge, das Schreiben, Erinnerungen an die eigene Kindheit, die Liebesbeziehungen. Alles Erinnerungen, die nicht chronologisch geordnet erzählt werden, sondern assoziativ zusammengefügt sind. Die Schilderungen der Erfahrungen an den vielen Vikariatsstellen verschafft dem Bericht eine zeitliche Abfolge. Erzählt werden die Erfahrungen der jungen Lehrerin als Stellvertreterin an unterschiedlichen Schulen während über zehn Jahren, vom ersten Anruf eines Lehrers, der eine Vikarin sucht, bis zur 27. Vertretung, während der sie zusammenbricht, sich schliesslich mit grösster Mühe nach Hause schleppt und vom Arzt wegen einer Konorarinsuffizienz eine lange Ruhezeit verschrieben bekommt und dem Herzspezialisten zugewiesen wird. Die Erzählperspektive wechselt unvermittelt von der sich erinnernden Erzählerin zur erinnerten Lehrerin, Eva, von der in der dritten Person berichtet wird. Wiederholt wir deutlich gemacht, dass die Erinnerung nicht vollständig und

13 S. 12f.
14 S. 13.

genau ist, wie bei der Schilderung des ersten Schultags: «Vom Verlauf des ersten Schulmorgens in B. gibt es zwei Versionen; eine reale, bis auf den letzten Erinnerungsfetzen vergessene, und eine imaginäre, die das Loch verwebt; ein Spinngebewebe, grau, doch schimmernd, Fäden, die weiterhelfen.»[15] Oder auf dem Weg nach Hause nach dem Zusammenbruch: «Sie glaubt sich zu erinnern, dass es nieselte, dass nasse gelbe Blätter von den schwarzen Ästen tropften.»[16]

Die Vikarin

Als Lehrerin suchte sie eine kindergerechte Haltung, eine Pädagogik, die Kinder fördert. Ihre Erinnerungen an die eigene Schulzeit sind nicht sehr angenehm: «Dreizehn Jahre bin ich zur Schule gegangen, selten gern, obwohl ich fast alle meine Lehrer und Mitschülerinnen mochte.»[17] Sie tat sich schwer mit der ihr aus ihrer Kindheit bekannten Rolle des allmächtigen Lehrers: «Ich habe die schulisches Wissen und Besserwissen verwaltende Sprache stets gehasst, die sich auch mit der Kunst des Befehlens befasste.»[18] Näher lag ihr das Fragen, der Dialog. Sie stellte sich gegen die Vorgaben der Schulbehörden: «[W]elch ein Unsinn aber, Kinder auf absolute Ruhe trimmen zu müssen. So will es die Schulordnung. Ich werde mich nicht an die alten Ordnungen halten. Eine Vikarin ist

15 S. 39.
16 S. 288.
17 S. 31.
18 S. 41.

ein Notbehelf und hat, hoffe ich, Narrenfreiheit.»[19] Die Erzählerin weist darauf hin, dass die Verhältnisse an den Schulen
über die Jahre nicht besser wurden. In einem Kapitel mit dem
Titel «Schullandschaft 2003» zeigt sie am Beispiel einer noch
aktiven Lehrerin, die unter den geltenden Schulreglemen-
ten leidet, und sich weigert, «einen Jargon zu übernehmen,
in welchem eine Schule nicht gepflegt, sondern *gemanagt*
wird, wo Kinder nervlich überfordert, durch Maschinenmiss-
brauch und Computerklima im eigenen Denken behindert
und infolge Vernachlässigung des Gemüts und seiner Sprache
vor der Zeit entwurzelt werden. Sie stören die organische
Entwicklung von Lebewesen, die Zeit brauchen, Ruhe, Zuspruch, Liebe.»[20]

Sie kritisiert die für sie offensichtlichen Zielsetzungen der
Schule: «Schuften, nicht leben, soll der Mensch [...] – Brauch-
bar soll er werden, bis man ihn für alles brauchen kann.»[21]
Sie erstellt eine Liste mit Begriffen, die aus der Welt des Wirt-
schaftsmanagements auf die Schule übertragen wurden und
Ausdruck der neuen Schulkultur sind, zum Beispiel: *Auswahl-*
verfahren – Coaching – Leitbild – Kompetenzenmatrix. Die
Erzählerin schlägt eine «Anti-Liste» vor, die mit folgenden
Begriffen beginnen soll: «Atem, Bild, Bildung, Brot, Bruder,
Charakter, Charisma, Courage [...]»[22]

Die Schilderung der teilweise prekären Verhältnisse an
Schulen in den 1940er-Jahren vermittelt einen eindringlichen

19 S. 49.
20 S. 243.
21 S. 244.
22 S. 246.

Eindruck von der wirtschaftlich schwierigen Zeit. Der zu vertretende Lehrer erklärt Eva bei ihrer Vorstellung, wie die engen Platzverhältnisse den Unterricht beeinträchtigen:

> Es erschwert den Unterricht, dass in der Fensterbankreihe – lauter Zweierbänke, wie Sie sehen – in jeder Bank nicht zwei, sondern drei Schüler sitzen. Fünft- und Sechstklässler, folglich bleibt dem Lehrer nichts anderes übrig, als den Stundenplan den Platzverhältnissen anzupassen. Wenn zwei Schüler schriftlich beschäftigt sind, muss der dritte stehn; er liest, oder wir rechnen mündlich.[23]

Der Krieg

Die kriegerischen Auseinandersetzungen in Europa beeinträchtigten auch die Lebensbedingungen in der Schweiz und das Leben der jungen Lehrerin. Die Erzählerin erinnert sich: «So war denn überall Krieg. In Angst vor Deutschland blickten wir nach England, den Vereinigten Staaten, selbst nach der Sowjetunion; [...] der Krieg im Stillen Ozean wütete in fast unvorstellbarer Ferne. Nur Pearl Harbor hatte uns betroffen gemacht.» Als junge, idealistische Lehrerin war sie von Sophokles' Antigone und dem Satz beeindruckt: «Nicht mitzuhassen, mitzulieben bin ich da.»[24]

169

Direkt konfrontiert mit den Auswirkungen des Kriegs war die junge Frau unter anderem im Restaurant ihrer Eltern,

23 S. 34.
24 S. 17.

wo die Internierten aus der nahegelegenen Unterkunft am Wochenende einkehrten, diskutierten und mit den jungen Schweizerinnen tanzten. Der Krieg ist durch einzelne Beobachtungen, Bemerkungen oder Gedanken im Bericht präsent, zum Beispiel in einer Klammerbemerkung nach Ausführungen zum Sprechen zu einzelnen Menschen oder zu Gruppen: «Von Führen, Führung kann ohnehin nicht die Rede sein, sind diese Wörter doch im übelsten Verruf, seit ein Volk, ein Kulturstaat Europas, ‹geführt› wird vom banalsten aller Dämonen.»[25] Oder mit der kurzen Schilderung der Situation im Advent im Jahr 1944:

> Es folgte ein Advent, in dem, statt der Botschaft, Nachrichten eintrafen, schlechte, quälende. Wer Frieden suchte, musste ihn in zeitüberspringenden Hoffnungen, beim Allernächsten und im Geist suchen, der weht, wo er will. Aus der Stimme des Freitagsprofessors von Salis glaubten viele zu hören, es sei das Ende des Grauens in Sicht.[26]

Die Erzählerin verurteilt auch im Alter den Krieg: «Jeder Krieg, wie er auch ende, ist eine Niederlage der Vernunft und der Liebe.»[27]

25 S. 41.
26 S. 169.
27 S. 255.

Die Allmacht der Liebe

Und Eva wollte lieben und geliebt werden. Sie verliebt sich in Jan, einen Maler, Kriegsflüchtling aus dem Internierten-lager. Der gebürtige Ungare lebte in Paris, wurde Franzose und in den Kriegsdienst eingezogen. Er flüchtete über die Savoyer-Berge in die Schweiz und war schwer traumatisiert. Es wächst eine intensive Beziehung. Doch dann wir Jan um-platziert ins Wallis. Im Raum steht die Vermutung, dass der Zuständige vor allem Leute versetze, abschiebe, die Bezie-hungen mit Einheimischen eingegangen waren. Jan und Eva versprechen sich, in Kontakt zu bleiben. Sie schreiben sich Briefe. Sieben Wochen nach der Trennung, im Oktober, reist Eva ins Wallis, «um Jan und Rilke zu besuchen; Rainer Maria Rilkes Grab ob Raron, wo Jan interniert ist»[28]. Sie versichern sich der «unverlorenen Nähe».[29] Die Beziehung bricht nach Kriegsende wegen eines Missverständnisses auseinander, Jan habe sie «von seiner Person, seinem Leben und Geschick be-freien wollen»[30]. Eva kommt zum Schluss: «Kein Mann, der im Krieg, der ‹draussen› gewesen war, fand in absehbarer Zeit zu sich zurück, und auch jene, die das Grauen an Ort überlebt hatten, waren krank an der Seele.»[31]

Eva verliebt sich in einen zweiten Kriegsflüchtling, den Deutschen Ludwig, einen Theater-Intendanten, mit dem sie die Musik verbindet, der sehr krank ist und nach vier Jah-

28 S. 100.
29 S. 105.
30 S. 183.
31 S. 183.

ren Beziehung stirbt. Eine weitere Liebesbeziehung wird am Schluss des Berichts beschrieben: «Im siebenunddreissigsten Jahr liess sie sich auf eine grosse und törichte Liebe ein; leidenschaftliches Glück würde mit Leib und Seele bezahlt werden [...]»[32] Getragen war diese Liebe vom gemeinsamen Interesse für Literatur. Eva ahnte zwar, dass das eine problematische Beziehung war, aber sie nahm die Ahnung nicht ernst: «Allmacht Liebe; die einen erleuchtet sie, andre schlägt sie mit Blindheit.»[33] Als der geliebte Mann sie mit einer schriftlichen Mitteilung verliess, verlor sie den Halt, fühlte sich «amputiert», weil ihr Selbstwert davon abhängt, dass sie geliebt wird: «Die Liebe zu sich selbst lebt davon, dass andere einen lieben.»[34] Der Verlust des Geliebten entzieht ihr den Boden unter den Füssen: «Buchstäblich zurückgeworfen auf mich selbst, muss ich mich umorientieren. Wer bin ich, allein gelassen auf einem seit Kindheit bekannten Weg, den zu fahren ich mich fortan fürchte [...]»[35] Sie entscheidet sich auf Anraten eines Freundes für eine neue Vikariatsstelle, trifft da auf einen begabten Jungen, der sie, mit der Zeichnung eines Kinds, wieder hoffnungsvoll stimmt. Auch wenn die Frage stehen bleibt, ob nur Geschichten gut ausgehen können, das Leben aber immer traurig sei. Der Junge gibt Eva den Mut, nochmals einen neuen Weg zu beschreiten.

172

Die Ich-Erzählerin erinnert sich dieser Situation und geht, allerdings mit Zweifeln, den Weg des Schreibens weiter, der

32 S. 290.
33 Ebd.
34 S. 295.
35 S. 294.

für sie Leben ist. Es gelingt ihr, einen Text zu verfassen, der Einblick verschafft in das Seelenleben einer jungen Frau, einer Schriftstellerin, und in die Befindlichkeiten einer Gesellschaft in einer Zeit der grossen kriegerischen Auseinandersetzungen in Europa.

Erika Burkart erfüllt mit *Die Vikarin* ihren eigenen Anspruch an Literatur: Das beschriebene Leben erreicht eine Gültigkeit über die beschriebenen Personen und Verhältnisse hinaus. Die Leserin und der Leser können sich in diesem Buch selber finden, eigene Erfahrungen neu betrachten, sich verstanden fühlen:

> Stösst der Leser auf ein Buch, darin ihm wohl ist, setzt die Lektüre eigenes Leben frei. Lesend lebt er, lauscht, durch den Text hindurch, auf den eigenen Klang, hört eigene Stimmen, erinnert Glück, Verzweiflung, geschenkte und geraubte Zeit, Schmerz und Liebe. Erlittenes und Zugefügtes. Nicht wissend vom unmessbaren Gefälle zwischen Existenz und in der Schrift gestaltetem Leben, fühlt er sich verstanden vom Autor, der, brennende Insignien erkennend, sein, des Lesers Leben, erzählt.[36]

36 Erika Burkart: Grundwasserstrom. Aufzeichnungen. Zürich 2000, S. 275.

«denn es will Abend werden»

Religiöse Spuren in Erika Burkarts Gedichtband
Das späte Erkennen der Zeichen

Kurz vor ihrem Tod hat Erika Burkart den Gedichtband *Das späte Erkennen der Zeichen* veröffentlicht.[1] Als eines der drei Exordia steht ein Zitat aus dem Lukasevangelium, genauer aus der Geschichte der Emmaus-Jünger: «Bleibe bei uns, denn es will Abend werden, und der Tag hat sich schon geneigt.»[2] Dieses Zitat ist beachtenswert, denn durch den ganzen Band ist die Stimmung des Lebens*abends* zu spüren. Hinzu kommt, dass es in der Emmaus-Geschichte stark um die Thematik des *Erkennens* geht: Die zwei Jünger bleiben für den mit ihnen wandernden Auferstandenen gewissermassen blind, und sie *erkennen* ihn erst *spät*, beim *Zeichen* des Brotbrechens. Diese Bezüge zur biblischen Geschichte des Lukasevangeliums rechtfertigen eine Suche nach religiösen Spuren in Erika Burkarts Gedichtband. Da dasselbe Bibelzitat auch in den posthum veröffentlichten Aufzeichnungen *Am Fenster,*

1   Erika Burkart: Das späte Erkennen der Zeichen. Gedichte. Frankfurt a. M. 2010.
2   Lukas 24,29.

wo die Nacht einbricht aufgegriffen wird, werde ich mich ab und zu auch auf diese Aufzeichnungen beziehen.[3]

Doch zunächst soll die *dichterische Stimmung* des Bands kurz evoziert werden.

«auf Unaussprechliches ansprechen»[4]

Das erste Exordium, aus Martin Bubers Erzählung *Der Tot-lebendige*, bringt die sprachliche Gestalt der Gedichte sehr schön zum Ausdruck: Erika Burkarts Stimme ist in der Tat «wie ein Vogel, der nur im Flug den Sand berührt, voll Begier, der Rast ein Ende zu setzen und mit den Lüften zu gehen»[5]. Sie bewegt sich stets an den Grenzen der Sprache, erlebt stets das «Pochen der Stille / hinter den Worten», wie am Gardasee zum Ausdruck gebracht, als «Stille über dem Wasser», «Stille über den Stätten», «Schneefall-Stille», «Herzschlagstille», absolute und unbefristete Stille.[6] «[A]uf Unaussprechliches ansprechen»[7], das ist die ständige Herausforderung, und nur so werden eben auch Zeichen erkannt. Sie werden nicht

---

3 Vgl. Erika Burkart: Am Fenster, wo die Nacht einbricht. Aufzeichnungen, hg. von Ernst Halter. Zürich 2013, vor allem das letzte, vom Herausgeber mit «Transzendenz» betitelte Kapitel, S. 290–299 (im Folgenden abgekürzt: Am Fenster). Das Lukaszitat befindet sich auf S. 292.

4 Erika Burkart: «Verstehen». In: Das späte Erkennen der Zeichen, S. 26. Im Folgenden wird mit dem Titel des Gedichts und der Seitenzahl zitiert.

5 S. 11 [unpag.].

6 «Die Stille», S. 36.

7 «Verstehen», S. 26.

lehrhaft ausgelegt, bis ins Letzte ausgedeutet; in leichtem Berühren wird ihr Sinn angedeutet, ohne grosse Rast, vom Sand stets abhebend.

Denn, so heisst es auch: «Lassen wir die Dinge, / wie sie sind, / zwingen wir sie nicht ins Wort»[8]. Trotzdem aber hält die Dichterin dem Tod entgegen: «noch darf ich worten / aus meinem verlorenen, / nackten Gesicht»[9]. Zugleich aber gilt dabei eine radikale Grenze: Das «Schlüssel-Wort», das «umfassende, klare» Wort steht nicht zur Verfügung: Nicht du findest es, es «findet dich, lässt du ab, es zu suchen».[10] Das ist wohl der Grund dafür, dass in den Gedichten öfters eine Stimme ertönt, die die Dichterin in zweiter Person Singular anspricht, auf Unaussprechliches anspricht. Und so darf denn auch, ganz am Schluss, eine Botschaft, die «Botschaft der Flocke» erklingen.[11]

Ist das so, weil es eben *spät* ist, weil es nur noch um ein «spätes Erkennen» geht? Das gilt wohl zweifach. Einerseits ist es die Erfahrung des Lebensendes, die durch das ganze Buch hindurch anklingt: Überall begegnet das Leben den leisen Zeichen des Todes. Zugleich aber geht es vielleicht auch um ein zeitgeschichtliches «spät»: Gott lässt sich nicht mehr so schlicht erfassen, er scheint abwesend, oder zumindest sehr fern geworden zu sein, und der Himmel sieht wie ein «Niemandshimmel» aus.[12] Wie sollte man da noch auf letzte, absolute Gewissheiten pochen können?

8   «Entfremdung», S. 30.
9   «Der Tod und die Frau», S. 86.
10   «Schlüssel-Wort», S. 85.
11   «Die Botschaft der Flocke», S. 88.
12   «Mond im März», S. 76.

Entfremdung und Selbstwerdung

In diesem Sinne weist die Bemühung des Erkennens nicht ins Weite, sondern vielmehr ganz in die Nähe. Anders gesagt: Erkenntnis ist vornehmlich Selbsterkenntnis. An verschiedenen Orten klingt das Thema der Entfremdung an: Im Schüttelfrost zwischen drei und vier in der Nacht erfährt die Dichterin «sich selbst / zum Fremdling entartet»[13]. In diesem Kontext ertönt der Aufruf zur Selbstwerdung, als ein an die Dichterin gerichteter Imperativ:

Schau nicht hinab,
tritt weg vom Abgrund,
gehe landein,
einwärts geh
auf dich selber zu.

Doch antwortet die Dichterin im Bewusstsein des nahen Todes:

Aber wer ist das? Ich?
Ein Herzvoll Leben,
durch gezählte Atemzüge getrennt
vom Nichts, das Alles war einst.[14]

---

13 «Schüttelfrost», S. 18. Ähnlich klingt es in «Vita», S. 80: «Fremdkörper geworden mir selbst, / erinnere ich, da war ich doch einmal / eins mit meinem Sehen und Hören, / Sprechen und Gehen.»
14 «Richtungen», S. 35.

Das macht es schwer, zu sich zurückzufinden, denn stets stösst man auf ein beunruhigendes Zwielicht.

Im Zwielicht – ein ständiges Zwischensein

In vielen Variationen wird das Zwielicht als konstitutive Ambivalenz des Lebens thematisiert. Öfters ist es das Zwielicht des Morgens, der Dämmerung: «Morgen-Zwielicht» oder «Frühmorgenzwielicht».[15] Aber manchmal ist es auch das Zwielicht am späten Nachmittag, das Zwielicht des Einnachtens, dem Erika Burkart ein ganzes Gedicht widmet.[16] Beim «Zwielicht des Himmels» wird dann auch seine Auswirkung auf das Leben angedeutet: «dessen Blindheit mir heute so bang macht»[17]. Zwielicht stiftet Angst, weil es mit ständigen, nie zur Ruhe kommenden Spannungen konfrontiert.

Die erste, durch den ganzen Band hindurch ziehende Spannung hatten wir bereits: «ein Herzvoll Leben» angesichts des drohenden Todes, der in vielen Zeichen erkannt wird, wie etwa im «Totenbaum», aber auch, in Verbindung mit der Nacht, in den Gedichten «Nachtvogel und «Die kalte Nacht».[18] Diesem beängstigenden Dunkel der Nacht stehen der Tag und dessen Licht gegenüber, in denen etwas Tröstliches, Ermutigendes schimmert. So kann die Dichterin dem Tod entgegenhalten: «Meister! / Rühr mich nicht an, / noch

15 «Morgen-Zwielicht», S. 45, und «Vita», S. 80.
16 Vgl. «Alte Frau im Dezember», S. 21, und «Einnachten», S. 83.
17 «Der Totenbaum», S. 61.
18 Vgl. S. 61, 59 und 34.

erreicht mich das Licht».[19] Manchmal wird die Lichtthematik sogar explizit religiös, so etwa wenn es vom Licht heisst, dass es doch «aus dem Ersten Licht» floss, hier als dem schöpferischen «Es werde Licht» zu verstehen.[20]

So ist die ganze Existenz ein Zwischensein, in dem einem immer wieder Zwielicht begegnet, das einen daran hindert, mit sich selbst eins zu werden. Das «Worten» kommt nicht aus diesen Spannungen heraus, die Dichterin muss deshalb Spannungen immer wieder zu Worte bringen. Das bildet unmissverständlich den Schwerpunkt des ganzen Bands. Doch man muss im Gegenzug auf eine zeitliche Anordnung achten, die dem Ganzen vielleicht noch eine andere Ausrichtung gibt.

Den Jahreszeiten – und dem Kirchenjahr? – entlang

Bei genauerem Zusehen lässt sich beobachten, dass die Gedichte auf einer Zeitachse angeordnet sind, die vom Spätherbst in den Frühling, ja vielleicht sogar in den Frühsommer führt. Dabei assoziiert sich die Herbst- und Winterzeit mit dem Tod, der Frühling und der Frühsommer mit dem Leben. «Alte Frau im Dezember» markiert den Auftakt, zusammen mit «Winterweh».[21] Im zweiten Teil des Bands folgen unterschiedliche Anspielungen auf den Übergang zum Frühling, mit «Vor-Vorfrühling», «Mond im März», «Mittwinterfrüh-

19 «Der Tod und die Frau», S. 86.
20 «Winterweh», S. 20.
21 S. 19–22.

ling», bis hin zur «Sommersonnenwende».[22] Obschon sie zeitlich nicht genau angeordnet sind, lässt sich doch eine gewisse Bewegung vom Dunkel ins Licht erahnen, die aber das ambivalente Zwielicht bei Weitem nicht einfach aufhebt. Diese Bewegung entspricht gewissermassen auch der Zweiteilung des Bands: Wir gehen von «Frage und Klage»[23] zur «Botschaft der Flocke»[24]. Doch auch da gilt kein einfaches Nacheinander: Dem Tod entgegnet die Frau im vorvorletzten Gedicht nicht nur, dass das Licht sie noch erreicht und dass sie noch «worten» darf, sondern auch: «noch kann ich klagen, / das Schweigen befragen.»[25]

Unter religiösem Gesichtspunkt verbindet sich damit eine spannende Parallele: Auch die wichtigen Stationen des liturgischen Kirchenjahrs zwischen Advent und Pfingsten werden mehr oder weniger ausführlich angedeutet. Die «alte Frau im Dezember» entsinnt sich, wie sie als Kind, «am Fenster kauernd im Zwielicht», die Augen der Nacht wahrnahm, doch nun geschieht dies «in Absenz adventlicher Heimlichkeit».[26] Das Maria gewidmete Gedicht «Die legendären Hirten» greift sodann Weihnachten auf: Die erstaunten Hirten sehen «den Himmel offen» und tun kund von «einem / über Wüsten, Täler und Höhn / bis in die Zeiten ausgegossnen Licht».[27] Das anschliessende Gedicht «Schafe im Schnee» scheint zunächst das Weihnachtsthema fortzuführen; doch

22 S. 54, 76, 81, 71.
23 S. 15–46.
24 S. 47–88.
25 «Der Tod und die Frau», S. 86.
26 «Alte Frau im Dezember», S. 21.
27 S. 38.

wenn es dann in den letzten Zeilen vom blökenden Lamm heisst: «es klagt für uns alle – / seine Spur durch die Zeit, / unser Blut im Schnee, Stille und Klage», dann sind wir wohl eher bei Karfreitag.[28] Österliches verbindet sich mit der Lichtthematik. Ausführlicher wird Ostern in den Aufzeichnungen zur «Transzendenz» thematisiert, und zwar auffallend in Verbindung mit der Lukasstelle: «Gestern nacht in den Evangelien gelesen, der nahenden Ostern wegen.»[29] Dass die Jünger den Auferstandenen sehen und doch nicht erkennen, wird am Beispiel der Maria Magdalena am Grab erläutert.[30] Erst als der Auferstandene sie mit ihrem Eigennamen anspricht, verwechselt sie ihn nicht mehr mit dem Gärtner, sondern erkennt ihn. Dazu schreibt Erika Burkart: «‹Maria.› Dieses eine Wort in dieser Situation ist für mich ein Anruf aus einer andern Sphäre. Als ich diese Stelle las, musste ich weinen.» Die Thematik von Entfremdung und Selbstwerdung aufgreifend, heisst es dann, mit starken Anklängen an den Gedichtband: «Die Stimme, der Blick des Sprechenden: sie erreichen *augenblicklich* die Angesprochene, dort wo sie, unaussprechlich, sie selbst ist.»[31] Ganz am Schluss des Gedichtbands gelangt man schliesslich zum «Pfingstmorgen», an dem die «Botschaft der Flocke» erklingt, verbunden mit dem «Geist, der weht, wo er will».[32] Handelt es sich bei der Flocke um eine späte Schnee-

28 S. 40.
29 Erika Burkart: Am Fenster, S. 292.
30 Vgl. Johannes 20,11–18.
31 Erika Burkart: Am Fenster, S. 292.
32 «Die Botschaft der Flocke», S. 88. Vgl. Johannes 3,8: «Der Wind [Geist] weht, wo er will, und du hörst sein Sausen, weisst aber nicht, woher er kommt und wohin er geht.»

flocke oder um eine als Flocke erscheinende Pfingstrose? Es bleibt schwer zu entscheiden: Sie kommt «besonnten Flugs» und schwindet dann auch «im Licht»; doch zugleich ist von einer «Blüte, die entführt» die Rede, im Kontrast zum Samen, «der Fuss fasst».

Die Gottesspannung

Die Vermutung liegt nahe, dass in diesen religiösen Bezügen die Gottesfrage auf dem Spiel steht, zuletzt mit dem (Heiligen) Geist angedeutet. «Gott, unsere unglückliche Liebe: als solche dauerhaft, ja ewig», heisst es in Erika Burkarts Aufzeichnungen.[33] Diese unglückliche Liebe steht im Zeichen einer grundlegenden Spannung, im Gedicht «Ausgesetzt (Wüste)» als Spannung der frommen Atheisten zum Ausdruck gebracht:

Was denken, fühlen
fromme Atheisten,
wenn sie, ein Gebet ohne Worte im Kopf,
Zuspruch suchen im Wissen,
dass des astronomischen Gottes kein Ende
und Unermessliches
nicht ansprechbar ist?[34]

33 Erika Burkart: Am Fenster, S. 292.
34 S. 37. Zum Zuspruch schreibt Erika Burkart in den Aufzeichnungen: «ein Zuspruch, dessen der Mensch in seiner Verlorenheit dringend bedarf, folglich von existentieller Wichtigkeit.» Erika Burkart: Am Fenster, S. 293.

Was hier mit frommem Atheismus angesprochen wird, heisst in den Aufzeichnungen Agnostizismus, wenn Erika Burkart betont, dass «wir heute, das Wesen Gottes, das göttliche Wesen betreffend, vollkommen unwissend» sind. Sie fügt hinzu: «Der Agnostiker ist der moderne *homo religiosus*.» Denn die göttliche «Unkenntlichkeit treibt uns um. Alleingelassen, irren wir, die göttliche Spur suchend, in die Kreuz und Quer.»[35] Wir könnten also im Sinne dieses späten *homo religiosus* sagen: Der astronomische Gott ist in seiner unermesslichen Ferne unansprechbar; trotzdem treibt uns seine Unkenntlichkeit um. Wir bleiben «Gott ausgesetzt»[36], sodass wir dauernd, in unglücklicher Liebe, Spuren Gottes suchen.

Im Kontrast zum fernen Gott ist diese Suche von der Sehnsucht nach einem nahen Gott angetrieben. Deshalb wohl horcht die Dichterin alle Grunddaten des christlichen Kirchenjahrs ab, um in ihnen so etwas wie unaussprechliche Gottesnähe wahrzunehmen. Auch ein alttestamentliches Motiv kann im selben Sinne aufgegriffen werden. In einem Selbstgespräch in dunkler Stunde, bei erlöschenden Horizonten, erinnert sich die Dichterin: «[S]ehe dich sinnen ins Abraumfeuer, / als erblicktest du im Brennenden Busch Unnennbares.»[37] Aber vielleicht ist es auch nur so, dass «die rastlosen Ratlosen den Traum von Gott» träumen.[38] Doch ge-

35 Erika Burkart: Am Fenster, S. 291.
36 «Ausgesetzt (Wüste)», S. 37.
37 «Dunkle Stunde», S. 53. Vgl. Exodus 3. In dieser Geschichte geht es gerade um die paradoxe Nennung Gottes: «Ich werde sein, der ich sein werde» (Vers 14).
38 «Die Stille», S. 36.

sichert ist nichts, denn man kann auch aus einem schlimmen Traum erwachen, in dem einem kein Gott beisteht:

> *Unbeschreiblich die Mühe,*
> *einen bösen Traum von sich abzutun,*
> *sich wieder zu finden*
> *nach Kämpfen in Totland,*
> *wo niemand uns beisteht,*
> *da sie auch Gott,*
> *Götter und Tiere vertrieben.*[39]

Die Gottesspannung bleibt offen. Das zeigt sich an einer Stelle in den Aufzeichnungen, wo sich Erika Burkart daran erinnert, dass sie sich in ihrer Kindheit Gott als einen über ihr schwebenden Adler vorstellte. In heutiger Zeit sei dieser Vogel geschrumpft: «Der lichtspendende Stern, der weisse Adler hat sich entwest zu einem Schwarzen Loch. Seiner Saugkraft mich zu entziehen, mache ich, sozusagen im Gegenzauber, Worte.»[40]

Hoffnung trotz allem?

Mit biblischen Bildern kündigt die Dichterin, im Zeichen des Frühlings, eine Hoffnungsperspektive an:

---

39 «Über das Erwachen aus Träumen», S. 74.
40 Erika Burkart: Am Fenster, S. 295.

Im Morgenfeld
brennt ein Abelfeuer,
Kain verschollen
und Gott im Garten.
Die neue Erde beginnt.[41]

Das Böse scheint hier wie ausgeschaltet: Kain ist weg, Abels Feuer findet Wohlgefallen bei Gott, der friedlich im Garten waltet. Dieser sündenlose, paradiesische Zustand ist zugleich als künftige Erde erhofft. In den Aufzeichnungen heisst es: «Wo ist die nächste Erde? – Noch wissen wir es nicht.»[42] Doch gerade, weil wir nichts wissen können, wird unser Glaube zu einem Hoffen, das uns leben hilft.[43] So heisst es auf einem losen, karierten A5-Blatt, in zerrütteter Schrift: «Wir wissen gar nichts. Unvorstellbar eine gottlose Welt. Wir leben von etwas, an das wir uns wider jede Wahrscheinlichkeit seines Seins klammern als an die letzte Hoffnung.»[44] Diese Hoffnung kann denn auch in einem schönen Bild zum Ausdruck kommen: «Aus dem verbeulten steigenden Mond / schneit es Lichtschnee.»[45] Der Mond, der sonst den Tod symbolisiert, wird hier zur Quelle erhellenden Lichtschnees. Damit lässt sich der Garten Eden aus der Kindheit verbinden, der schnee-weiss ist.

185

41 «Frühling», S. 87. Vgl. zu Kain und Abel: Genesis 4,1–16, und zu Gott im Garten Eden: Genesis 2,4b–25.
42 Erika Burkart: Am Fenster, S. 291.
43 Vgl. A. a. O., S. 297.
44 A. a. O., S. 299.
45 «Mittwinterfrühling», S. 81.

Eden war weiss,
kam in der Nacht
der Himmel zur Erde,
sakral schmeckte morgens geheim
eingeflogener Schnee;
unverletzt noch von Spuren,
führten weit die verlorenen Wege,
floss doch das Licht
aus dem Ersten Licht.[46]

Zum Abschluss: nochmals der Vers aus dem Lukasevangelium

«... es will Abend werden, und der Tag hat sich geneigt» (Lk 24,29). Das spürt die alte Frau im Dezember, beim «Einnachten» ihres Lebens. Bittet sie auch wie die Emmaus-Jünger in dieser Situation: «Bleibe bei uns»? Im Gedichtband *Das späte Erkennen der Zeichen* scheint diese Sehnsucht nicht ganz abwesend, wenn auch nur diskret berührt. Zweifel, Vereinsamung, Verlassenheit bleiben unüberwindbar, aber auch wenn wir darin kreuz und quer irren, so doch «die göttliche Spur suchend». Jedoch enthält dieses Suchen vielleicht auch eine Gefahr. Vielleicht findet einen eine Antwort auf das eigene Umtriebensein nur, wenn man davon ablässt, sie zu suchen. Das hat Maria Magdalena beim Grab erfahren, als sie mit ihrem Eigennamen angesprochen wurde. Und das haben wohl auch die Emmaus-Jünger erlebt, als ihnen beim Brotbrechen endlich die Augen aufgingen und sie ihren Herrn er-

46 «Winterweh», S. 19f.

kannten: «Brannte nicht unser Herz, als er unterwegs mit uns redete, als er uns die Schriften erschloss?»[47] Dieses brennende Herz nimmt man auch bei Erika Burkart wahr, der Kälte des Einnachtens trotzend.

47 Lukas 24,32.

Das unmögliche Paradies

Ein Nachwort

Als im Jahre 1970 Erika Burkarts Buch *Moräne. Der Roman von Lilith und Laurin* erschien – nach acht Lyriksammlungen ihr erstes Prosawerk –, waren in den Besprechungen die meistzitierten Sätze die ersten: «Auf dem Hügel stand das Haus im Schnittpunkt von zweimal vier Winden. Zum Haus gehörten einige Hektar Himmel und Erde, ein Sternbild, ein Garten und eine Strasse, auf der man zum Tor in der Mauer und am Tor vorbei überallhin gelangte.»

Dieser Beginn des Romans ist ein Programm. Er eröffnet eine Weltsicht, die wir seit unserer Kindheit vergessen hatten. Zwar beziehen sich die beiden Sätze auf das Haus, darin die Dichterin seit ihrer Kindheit lebt, und sie sind von Leserinnen und Lesern meist so verstanden worden. Doch Wortwahl und Wortstellung unterscheiden sich kategoriell von Vokabular und Syntax einer topographischen Beschreibung desselben Punktes, die neun Jahre früher erschien:

«Der Wagenrain [die «Moräne»] erniedrigt sich gegen Süden. Das grosse Torfmoos südlich Bünzen liegt zwischen 437 und 442 m. Der Aussichtspunkt bei der früheren Wirtschaft Chapf auf dem Kamm der schwachen Leiste, die hier das Bünztal vom 60 m tiefen Reusstal noch trennt, liegt bloss auf 460 m.»[1]

Damit wird klar: Die Dichterin bettet den Ort der Handlung ihres Romans nicht in die Topographie des Freiamts ein, sondern in eine Kosmographie. Anstelle des topographischen Koordinatennetzes (Punkt Kapf: 238.8 / 669.4) setzt «am Schnittpunkt von zweimal vier Winden» ein kosmographisches ein.

An diesem Ort lebt eine kleine geschlossene Gemeinschaft von Menschen. Lilith und Laurin, Halbgeschwister durch Amar, ihre Mutter: er Sohn des Jägers Robur, sie Tochter des Naturgelehrten Kosman. Amar und Kosman sind tot, Robur ist verschollen. Den Haushalt besorgt Ulrike, Amars ehemalige Amme, die an einer Sprachstörung leidet. Der halbtaube Gärtner Nepomuk kommt für das Lebensnotwendige des kleinen Hausstandes auf. Zur geschlossenen Welt der Leute auf dem Hügel gehören vier Tiere: der Hund Bella, die Katze Turandot, der Kanarienvogel Mirl und der Pfau Konrad.

Ausserhalb der Mauer ordnet sich konzentrisch der Rest der Welt. Am nächsten haust in seinem verkommenen Gehöft der Bauer Umo mit Frau, Knecht und Sohn Einhard, der etwa so alt wie Laurin ist. Umos Hof gegenüber steht das gepflegte Heim von Lehrer Fehr, Blumenliebhaber, verheiratet und Vater einer Tochter, Erda, auch sie in Laurins Alter. Hinter dem Hügel wohnt die Witwe Walther.

Die kosmographische Einbindung dieser Menschen «jenseits der Mauer» ist abgeschwächt, eine gelegentliche. Durch die von ihnen bewohnten Häuser, durch ihre Fel-

1   Charles Tschopp: Der Aargau. Eine Landeskunde. Aarau 1961, S. 330.

der mit Flurnamen wie Kreuzbühl, Mordanger, Wolfshalde und durch ihre Gemüter verläuft eine Grenze, von der sich zunächst nur sagen lässt, dass sie den kosmographisch bestimmten Ort vom topographisch erfassbaren Umland trennt. Jenseits der Mauer leben bedeutet, den sozialen Ansprüchen und wirtschaftlichen Notwendigkeiten ausgeliefert sein. Die Grenze, kaum gezogen, vertieft sich zu einer Scheidelinie, die unbeschadet zu überschreiten weder den einen noch den andern gegeben ist. Diese Spannung, ja Zweihäusigkeit führt in den Kindern Einhard und Erda zu schwersten Konflikten.

Lilith und Laurin – innen – lieben einander und werden – aussen – geliebt von Einhard und Erda, bleiben jedoch trotz gewisser Berührungspunkte exklusiv, eingeschlossen und geschützt zugleich, bis der Vollzug ihrer Liebe sie trennt. Laurin schwemmt es in die Stadt, wo er eine Berufslehre antritt, Lilith wird in die Welt hinaus verschlagen. Die kursiv gesetzten Nachrichten von ihren Irrfahrten durchziehen das Buch als dunkler Grundton und als Versuch, das Vorgefallene zu deuten.

Doch nicht nur das Haus auf dem Hügel und seine Gemeinschaft von Menschen sind kosmographisch ausgerichtet, sondern auch die Sprache. Die Erzählerin, Lilith, weiss um ihr Anderssein: «Ich bin ein fünfzackiger Stern. Ich schwebe. Ich bin jung und hänge an einem der unsichtbaren Fäden, die in Gottes Händen zusammenlaufen. Also kann ich nicht fallen.» Über ihre eigene Sprache bemerkt sie: «Laurins Schwester redete über Lichtjahre und Sternmeilen wie andere Leute von Strassenkilometern und Seeknoten sprechen.»

Erst Katastrophe und Vertreibung zwingen Lilith, über Ort und Art ihrer Jugend und ihrer Weltsicht in der irdischen Gemeinschaft der Menschen nachzudenken:

> Zwischen innern und äussern Orten entspann sich ein Bezugssystem, dem ich vertraute als einer allumfassenden, die Seelenbahnen mitverzeichnenden Sternkarte, wie sie etwa Hermes auf seinen Reisen gegenwärtig gewesen sein mag. Es war denn auch diese Karte, die mir Anhaltspunkte gab im Raum, der bodenlos und nur noch Zeit, menschlichem Denken unangemessene, unzerteilte Zeit war. Die Stunde kam, da mich die drei fahlen Rechtecke der Linnenvorhänge mit den Fensterkreuzen dahinter an die Kreuze von Golgatha erinnerten.

An einem kosmographisch georteten Punkt zu leben erzeugt in dessen Bewohnern zunächst eine Abwehrhaltung gegenüber der Aussenwelt. Denn diese funktioniert aus ihrem real eingeschränkten Vorhandensein heraus diametral anders: diskursiv. Die Gemeinschaft auf dem Hügel – am konsequentesten und schärfsten Lilith – nimmt diese Herausforderung an. Sie reagiert mit massiver Destruktion der real-rationalen Zusammenhänge «draussen» und mit Besetzung abseitiger Orte, welche den rationalen Mustern entfallen sind:

«Seit [...] jedermann durch die zackigen Löcher in den Scheiben nach den Sternen greifen konnte, umging die Flurprozession die in Verruf geratene Gebäulichkeit.» Dies die Gelegenheit für die Halbgeschwister; die sogenannte Riedkapelle wird zu einem ihrer bevorzugten Aufenthaltsorte, zu einer Erweiterung des Hügelreichs. Hier spielen sich Laurins Auseinandersetzungen mit Einhard, Einhards endgültige

Ausgrenzung und Laurins Busse für Einhards Tod ab. Wo immer rational geordnete Bezüge aufgebrochen werden, sei es durch die wuchernde Natur, sei's durch die Macht von Phantasie und Assoziation, sind die Halbgeschwister beteiligt oder anzutreffen – als Vollzugsorgane des kosmischen Chaos.

Ihnen erscheint die Welt, welche die «anderen» gebrauchen müssen, als Durcheinander, bedrohend wegen und faszinierend trotz ihrer systemischen Zusammenhanglosigkeit, die nichts als willfährige Unterordnung unter zufällig gewählte rationale Ordnungsmuster ist: «Der Krieg wird erklärt. Ein angebrochenes Brot liegt bei seinem unscharfen Schatten. In der Tasse wächst der Milch eine Haut. Maden kriechen aus dem Fleisch; auf dem Mond tappen zwei Männer herum, hissen eine Flagge und schaufeln Steine in einen sterilen Plastiksack.»

In diesem einen Satz überkreuzen, neutralisieren und zerstören sich gegenseitig vier Diskurse: ein patriotischer, ein künstlerischer, ein ontologischer und ein pseudowissenschaftlicher. Dieser systemischen Zusammenhanglosigkeit, die sich den Anschein von Ordnung gibt, gilt der Satz: «Wer im Urwald aufwächst, fürchtet sich vor geraden Strassen, die bestimmte Namen haben und zu bestimmten Orten führen.»

Was die «anderen» mit einem Gefühl der Sicherheit und Geborgenheit erfüllt, Benamsung und topographische Ortung, ist Zufall und muss zerstört werden; doch nicht um der Zerstörung willen, sondern – denn «Gott ist eine unendliche Kugel, deren Mittelpunkt überall ist» – um eine andere, ältere, tiefere Ordnung freizulegen. Lilith wünscht sich die Welt gleichsam in den Zustand des siebenten Tages zurück: unentdeckt, neu, offenliegend der abbildlichen, von keinen

überlieferten Zeichensystemen eingeschränkten Sprach-
macht Adams: «Urbildlich ragten Bäume, wurzelten Häuser,
weideten Tiere, standen, knieten, sassen, gingen Menschen,
jeder sein eigenes Ideogramm, unterwegs auf leerer Strasse,
vor hellem Feld, dunklem Wald, weitem Horizont.»

Wer beheimatet ist in dieser Kugel Gott, deren Mittelpunkt überall ist, braucht keine rationalen Ziele; er ist sich
selbst sein eigenes Ziel und Zeichen, sein Tun ist in sich ru-
hend, zwecklos. Dies durchaus ohne Blindheit gegenüber der
Nachtseite der Schöpfung, denn «sie [die Augen der Toten]
haben die Wahrheit gesehn, erklärte der Gärtner nach Kosmans Hingang und meinte mit der Wahrheit das Kreuz, be-
stehend aus dem vertikalen Balken Himmel – Erde und jenem Querholz, das der Teufel eingeschoben hat.»

Dieses Querholz, die Störung, Verunklärung, Verkehrung
von Gottes Absicht in ihr Gegenteil ist das Werk des Teufels –
und das Tagewerk der Menschen. Dreimal im Lauf des Romans wird der Satz «Tue nichts Gutes, damit dir nichts Böses
geschehe» erläutert. Das Tagewerk der Menschen kann gut,
es kann auch kaltblütiger Mord an denen sein, welche die
Senkrechte gelebt haben: «An die Exekutionsmauer gestellt
Giovanni, Jean, Iwan, John, Hans. Der flucht, der betet, der
schwitzt, der friert, der schreit, dem ist die Zunge gelähmt,
der kann das Wasser nicht mehr halten. [...] Titanen fängt
der Tod in Spinnennetzen, Halbgötter straucheln über Zünd-
hölzer.» Wer, von der Zivilisation und deren zufallsrationalen
Strukturen umgeben, «die organisierten Gewehrläufe» auf
sich gerichtet fühlt, dem bleibt als Antwort nur deren Destruktion und die Wiederaufrichtung – im analogen Abbild –
der Schöpfung des siebenten Tages.

Die Passagen der Destruktion häufen sich in diesem Roman und münden oft in sprachmächtige Offenbarungen einer im Zustand der Schöpfung begriffenen Welt:

> ... in der westlichen Himmelszone fanden ausschweifende Feste und farbenprächtige, vom Föhn angezettelte Seeschlachten statt. Fackelbesteckte Galeeren fuhren ein und aus. Bewimpelte Barken trafen sich mit lampiongeschmückten Blumenschiffen auf einer Insel, [...] Steppenbrände frassen sich in Städte ein, Halbinseln sackten ab, Buchten erweiterten und verengten sich, Vulkane stülpten sich empor, Eisberge, auf denen Feuerwerk abgebrannt wurde, trieben bald rot, bald blau erglühend, in den türkisgrünen, jadegrünen, amazonitgrünen Ozean hinaus, bis auch das Wasser zu brennen begann, bis Fluten und Flammen sich übereinanderwälzten und die Inseln in einem Farbenexzess von wüster Herrlichkeit zu einem Kontinent zusammenschmolzen.

Ein wichtiges Gestaltungselement in diesem Buch sind die Träume, diese Zerstörer rationaler Bewusstseinsstrukturen und Schöpfer metaphorisch-symbolischer Bildkonfigurationen. Zerstört werden nun nicht nur rationale Zeichensysteme, zerstört wird auch deren Matrix, die Topographie der Vernunft. Der Schrift, der vornehmsten Schöpfung dieser Matrix, ergeht es schlecht: «Die Buchstaben schlugen Purzelbäume, grimassierten und gebärdeten sich wie Clowns. Sie warfen die Mützen in die Luft, strampelten die Hosen ab, verloren die Schuhe, griffen falsch und plumpsten in nicht vorhandene Löcher. Sätze zerkrümelten zu Worten, Worte zu Silben. Sand, Sinn-Sand, ein Sandstrahl von Unsinn rieselte über das immer schwärzere, immer leerere Papier. Vögel pfiffen den Leser aus.» Exemplarisch wird hier die Destruktion der Schrift an einem Abschnitt aus den nachgelassenen Aufzeichnungen von Liliths Vater Kosman exekutiert.

Doch nachdem das Chaos angerichtet und ausgekostet worden ist, erlaubt Lilith den paar Zeilen, die soeben noch als Sandstrahl von Unsinn über das Papier gerieselt sind, sich zum Sinn zusammenzufinden. Und was enthalten sie? Das Bild vom Menschen als seinem eigenen, nur im individuellen Bezug auf den Schöpfer durchschaubaren Ideogramm:

> Dem heimlichen Zuschauer erscheinen wir als einer, der nach Traumgesetz und Traumcodex handelt. Stummfilm unserer magischen Gebundenheit an ein für den Beobachter unverbindliches Zentrum. (Zufälliger Blick in ein erleuchtetes Fenster. Schau-Fenster, Mädchen mit den Schwefelhölzern). Ebenso handelnd erschiene uns der andere, er draussen, auf erhelltem Platz, wir im finsteren Zimmer.

Woher nun wächst trotz Destruktion sogar der Schrift der Autorin das Vertrauen ins Wort zu? Da die Sprache metaphorischen Ursprungs ist, darf sie abbildhaft zur Urständigkeit der Schöpfung stehen und kann als vorrationales Zeichensystem immer wieder neu und individuell umgeschaffen werden. Als Metapher ist es ihr erlaubt und gegeben, alles mit allem zu verknüpfen. Daher die Bemerkung: «Des Gärtners Weise zu schildern war die des Kaleidoskops: aus den immer gleichen Splittern schossen immer andere Geschichten zusammen, die Gespräche des Tauben mit dem Moos- und Brunnengeist seiner Knabenjahre waren.»

197

Erika Burkart ist, wie Erwin Jaeckle bemerkt hat, eine «Alchimistin der Metaphorik» und bringt «die Sprachlosigkeit zur Sprache».[2] Anders gesagt: In einer Zeit alltäglichen Sprachgebrauchs vollzieht Erika Burkart noch einmal das Mysterium der metaphorischen Besetzung der Schöpfung – aus dem Schweigen des ersten Sprechers.

Wer die rationalen Zeichensysteme der andern hinter sich lässt, der spricht aus einem Zustand uneingeschränkter Eigen-Wesentlichkeit. Er schildert nichts als seinen Bezug zur Schöpfung; dieser ist seine eigentliche Geschichte. Der Roman verzichtet auf eine straff angelegte Handlung. Wer sich im Zustand der Eigen-Wesentlichkeit befindet, schafft um sich herum das, was man das zweite, das analoge Paradies nennen könnte. Dieser Zustand kann nicht in rationalisierbare Wirklichkeit übertragen werden. Die Tiere des Turms leben in Eintracht, eins zwischen den Pfoten des andern, bis die Liebe der Halbgeschwister auseinanderbricht. Nun tötet Turandot Mirl, reisst Bella Turandot, stirb Bella, und Nepomuk, der den Tieren Nächststehende, wird wahnsinnig.

Paradies ist ein zerbrechliches Geschenk, im Gleichgewicht zu halten nur durch den Verzicht auf Handlung (deren Folgen fast unweigerlich dessen Grenzen überschreiten) und mit innigem, immerwährendem Eingedenksein seiner Herkunft aus dem Schöpfer. Wer in den ineinander schwebenden Sphären von Mensch, Geschöpf und Ding zu Hause ist, der entzieht sich jeder Moral, verweigert sich jedem Gedanken an sogenannten Fortschritt. Dass die Halbgeschwister sich

2 Die literarische Tat, 19. Dezember 1970.

lieben, stört diesen Zustand nicht, macht ihn jedoch noch verwundbarer und anspruchsvoller.

Als ein Versuch, unsre auf rationalen Zeichensystemen basierende Realität metaphorisch ins analog Abbildliche zurückzuverwandeln, steht der Roman im Gegensatz zur gesamten Schweizer Literatur seiner Epoche, die sich für eine Verbesserung der rationalen menschlichen Ordnungen einsetzt. Gemessen am Unternehmen *Moräne*, mittels Metaphern das Abbild neu zu erstellen, bleibt Fortschritt sozusagen unter der Wahrnehmungsgrenze. Die Spannung, die das Werk aus- und durchhält, wird nicht erzeugt von den Polen gesellschaftlicher Wirklichkeiten, einer schlechteren, besseren oder gar utopischen; es ist die Spannung zwischen rationalem Diskurs dort und Schöpfung als Metapher hier. Dass dieses zweite Paradies nicht dauern kann, ist seiner Schöpferin klar. Die Schlange nistet auch hier.

Die Halbgeschwister haben zwei Väter: Kosman, Liliths Vater, ein die Natur analog deutender Forscher, Robur, Laurins Vater, ein schweifender Jäger, der, aus den Amazonas-Urwäldern zurückkehrend, im Haus auf dem Hügel auftaucht, ein Jahr bleibt, einen Sohn zeugt, einen Giftpfeil hinterlässt und verschwindet. Robur, der Wilde Jäger, das männliche Prinzip, fährt ein in Kosmans weiblichen Kosmos. Seine Zeugung, Laurin, schliesst sich für einige Jahre mit Kosmans Zeugung Lilith zu dem zweigeschlechtigen Geschöpf zusammen, dessen Mythos Aristophanes im «Symposion» erzählt. Die Halbgeschwister sind unangreifbar, solange die Verschiedenheit des Geschlechts in ihnen verschlossen schlummert. Doch sobald die beiden erwachsen werden, jedes auf seinem Geschlecht beharren muss, ist das Glück gestundet, bleibt nur noch Selbstaufgabe des einen der beiden oder Bruch. Laurin wählt ihn nach einer kurzen Phase liebenden Aufgehens in Lilith. Die beiden büssen nicht für Inzest, sondern für die Unfähigkeit des Menschen, im Urzustand des Zwei-Einen zu leben.

Die magische Vollkommenheit der Zweigeschlechtigkeit Lilith/Laurin zieht noch zwei andre in ihren Bann: Einhard und Erda. Paradiese sind grausam gegenüber denen, die ausserhalb ihres Bannes leben. Erda, die Laurin liebt, verzichtet und erlischt. Einhard, Umos Sohn, geht an seiner hoffnungslosen, von den Halbgeschwistern erst ignorierten, später von Laurin aus Eifersucht verratenen Liebe zu Lilith zugrunde. Ausgestossen und dennoch eingebunden in die Sphäre des Hügelhauses, König der Imagination und – aus sozialen Gründen – Sklave der alltäglich rationalen Realität, hier und dort, also nirgends zu Hause, hält Einhard, in immer unmenschlicherer Kälte, tieferer Vereinsamung lebend, die Spannung knapp zwanzig Jahre durch, dann sucht er den Tod im Wasser.

Einhard muss sich, um Lilith seine Liebe zu gestehen, rationaler Mittel bedienen. Doch seine drei Botschaften prallen an der unsichtbaren gläsernen Mauer ab, die das Hügelhaus umgibt. Selbst die Benutzung von Roburs vergiftetem Pfeil, den die Geschwister besitzergreifend ins Land hinaus geschossen hatten, fruchtet nicht: Einhards Brief, um den Pfeil gewickelt und in den Garten zurückgeworfen, wird vom Wind weggetragen. Einhards Botschaften prallen auch am Misstrauen der Dichterin allen menschlichen Vorkehrungen, Übereinkünften und Techniken gegenüber ab, an der Überzeugung, dass solche kaum je zum beabsichtigten, geschweige guten Ziel führen. Einhard, hässlich, klug, empfindsam und begabt mit Bildern, ist Laurins, des Schönen und Schnöden, andere Hälfte, von ihm akzeptiert, insofern er hässlich und scharfsinnig ist, bekämpft, insofern er der eigentliche Bruder von Liliths Seele wäre. Laurin stösst ihn endlich, um an Liliths Seite bleiben zu können, in den Tod, indem er seine dritte Botschaft, den Brief, mit magischen Fluchworten überschreibt und verbrennt. Einhards Todestraum, die Vision des Zurückgeholtwerdens zu den grösseren Heeren, ist ein Höhepunkt des Romans. Laurin und Einhard sind Liliths Tag und Nachtseiten.

Dass Laurins Schuld nach Einhards Tod nach einer Zeit der Busse in der Riedkapelle noch verkraftet werden kann und das Paradies nicht zerstört, weil sie zur Hälfte ausserhalb der Mauern liegt, einem halb Aussenstehenden geschuldet ist, erweist noch einmal die «Unmoral» (in einem realrationalen Kontext) abbildlicher Existenz. Die Schuld allerdings ist nicht aus der Welt geschafft, sie wirkt weiter. Denn erst nach Einhards Eliminierung ist es den Geschwistern möglich, ihre Liebe als Mann und Frau zu vollziehen. Nun, im Koitus, in Laurins Todesschuss, erweist sich ihre bis dahin knospenhaft ineinander verschlossene Zweigeschlechtigkeit als Scheinlösung und bricht auseinander. Die gläsernen Mauern zerbrechen, der *hortus conclusus* versinkt.

Erika Burkarts Sprache nun, welche die rationalen Ordnungen abschafft, das eindringende Chaos metaphorisch bändigt und das der Schöpfung analoge Abbild, den Garten und das Haus, schafft und aufrechterhält, waltet ohne Nachlassen der sprachschöpferischen Kraft von Anfang bis Ende. Die Eigentümlichkeit und Qualität dieser Sprache erweist

201

sich in der Konsequenz, mit der – bis in Nebensächlichkeiten – am metaphorischen Duktus festgehalten wird. Kapitel wie «Lilith», «Septemberhexe», «Die weisse Kugel», Visionen wie Einhards Todestraum – genau in der Mitte des Romans – stehen Jahre nach der Lektüre noch in der Erinnerung als Orte, dahin man zurückkehren möchte.

Erika Burkart – «Dichterin des Freiamts»? Jeder Nachweis der von ihr beschriebenen Örtlichkeiten ist Nebensache. Ihre Bedeutung liegt in der radikalen Umsetzung des Lokalen ins Abbildliche, im Beharren der Dichterin darauf, dass wir in der uns geschenkten Schöpfung «anders» zu leben hätten. Ein Beharren wider das sogenannte bessere Wissen. Hier das Abbild eines Haufens Holzglut:

> Risse spalteten das glühende Gemäuer der Festung. In klaffenden Cañons verendeten zarte Flammenfalter. Unter einer eingebrochenen Brücke keimte ein Flämmchen, schoss hoch und griff um sich. Die Geheimzellen der Zitadelle wurden sichtbar: mit brüchigem Goldbrokat ausgeschlagene Kammern. Aus sich selbst schimmerten die Wände eines Säulengangs, der rasch zerfiel.
>
> Die Geschwister schwiegen. [...] Das Krachen und Blaken in der Feuerhöhle verebbte zum Summen eines Wiegensingsangs. Die schwelende Burg sank zusammen; über den Trümmern flackerten bleiche Totenlichter, in veraschenden Erkern welkten Zyklamen; eine Seele verzuckte im Kuppelgewölbe einer Gruft.

Wer sich so in das Geschaffene versenkt, der ist gefeit vor Übergriffen, er kann weder generalisieren, noch erneuern, noch verändern; denn in seiner Zeit lebt er Ewigkeit, einen Zustand, da alles das ist, was war, ist und sein wird. Daher wohl auch der ferne Klang dieser Sprache.

Vor jeder Konzeption des Buches, jeder Konstellation von Personen, vor jedem erzählbaren Inhalt ist Erika Burkarts assoziativ-metaphorische Sprache die Schöpferin und Trägerin der Handlung. Sie vollzieht Bild für Bild das Durchsichtigmachen und Durchsichtigwerden des Anstehenden aus einer Kraft, da dem Benenner-Dichter die Schöpfung neu aus dem Haupt entspringt. Die Sprache rechtfertigt auch die Statik des Romans, seine sachlich wie gesellschaftlich geringe Komplexität und mangelnde rationale und gesellschaftliche Nutz- und Verwertbarkeit, sein unschweizerisches, verschwenderisches Beharren darauf, dass die Absicht mit uns nicht gewesen, uns die Erde systemisch untertan zu machen, sondern im Austausch mit allem Geschaffenen eine im romantischen Begriff «unendliche» Existenz zu führen.

Hier gilt der Satz: «... wenige beleben mit neuen Bildern die alten Muster.» Ob mit der Zeit oder gegen sie: die Vision des unmöglichen Paradieses – in diesem Werk war sie möglich.

Mitwirkende

Herausgeberin

Ursina Sommer, Jahrgang 1987, ist Germanistin und Anglistin und arbeitet als Kantonsschullehrerin in Wohlen (AG). Seit 2020 leitet sie den DAS-Studiengang «Schweizer Literatur und ihre Vermittlung» an der Universität Zürich.

Autorinnen und Autoren

Pierre Bühler, Dr. theol., Jahrgang 1950, ist emeritierter Professor für Systematische Theologie der Universitäten Neuchâtel und Zürich und war Leiter des Zürcher Instituts für Hermeneutik und Religionsphilosophie.

Ernst Halter, Dr. phil. I, Jahrgang 1938, ist freier Schriftsteller. Daneben ist er als Herausgeber, Übersetzer, Publizist und Verlagsberater tätig. Er wohnt im Landhaus Kapf in Aristau (AG), wo er bis zu ihrem Tod 2010 mit seiner Frau Erika Burkart lebte.

Markus Hediger, Jahrgang 1959, ist Schriftsteller und Übersetzer. Er lebt in Zürich.

Annette Hug, Jahrgang 1970, ist Autorin und freie Mitarbeiterin bei verschiedenen Zeitungen und Zeitschriften. Sie lebt in Zürich.

Andreas Mauz, Dr. theol., lic. phil., Jahrgang 1973, ist Literaturwissenschaftler und evangelischer Theologe mit einem Schwerpunkt im Bereich der Religion-und-Literatur-Forschung.

Klaus Merz, Jahrgang 1945, ist freier Schriftsteller und lebt in Unterkulm (AG).

Joanna Nowotny, Dr. sc. ETH, Jahrgang 1988, ist wissenschaftliche Mitarbeiterin am Schweizerischen Literaturarchiv in Bern und arbeitet als freischaffende Journalistin.

Manfred Papst, lic. phil. I, Jahrgang 1956, ist fest angestellter Autor bei der NZZ am Sonntag, wo er von 2002 bis 2017 das Ressort Kultur leitete. Er lebt in Greifensee.

Ilma Rakusa, Dr. phil. I, Jahrgang 1946, ist Literaturwissenschaftlerin, freie Schriftstellerin und Literaturübersetzerin. Sie lebt in Zürich.

Fridolin Stähli, Dr. phil I., Jahrgang 1957, ist Literaturwissenschaftler und Naturethiker und lebt in Aarau.

Tabea Steiner, Jahrgang 1981, ist Schriftstellerin und organisiert als Literaturvermittlerin das Thuner Literaturfestival und das Lesefest Aprillen.

Claudia Storz, Dr. phil I, Jahrgang 1948, ist freischaffende Schriftstellerin und Dramatikerin. Sie lebt in Aarau, Salzburg und La Napoule.

Doris Stump, Dr. phil. I, Jahrgang 1950, ist Verlagsleiterin im eFeF-Verlag. Sie lebt in Wettingen.

Philipp Theisohn, Prof. Dr., Jahrgang 1974, ist Professor für Neuere deutsche Literaturwissenschaft an der Universität Zürich.

Fotografinnen

Loretta Curschellas, Jahrgang 1950, geboren in Savognin, ist Fotografin und hat die Kunstgewerbeschule Zürich (Druckgrafik und figürliches Zeichnen) absolviert.

Heidi Widmer ist Malerin und Zeichnerin. Sie lebt und arbeitet in Wohlen. Mit Erika Burkart über 40 Jahre freundschaftlich verbunden.

Hinweise zu den Texten

Klaus Merz: «Was den Menschen ausmache» erschien am 8. 2. 2002 zu Erika Burkarts 80. Geburtstag im Tages Anzeiger und findet sich auch im 4. Band der Werkausgabe von Klaus Merz, Haymon Verlag, Innsbruck/Wien 2013. Der Text wurde für diese Publikation neu bearbeitet.

Claudia Storz: Alle diese Erinnerungen sind subjektiv, nach bestem Wissen und Gewissen von Claudia Storz, 22. 8. 2021.

Ernst Halter: Verdichtete Fassung des Nachworts zu *Moräne. Der Roman von Lilith und Laurin* der Ausgabe Ex Libris, 1988; 4. 10. 2021.

Textrechte

Alle Rechte der Texte von Erika Burkart liegen bei Ernst Halter.

Fotografien

Fotografien von Loretta Curschellas: S. 14/15, S. 63, S. 80/81, S. 99, S. 115, S. 188/189.

Fotografien von Heidi Widmer: S. 98, S. 148, S. 204.

Typoskript S. 28: Faksimile von Erika Burkarts *Versuch einer Selbstdarstellung* [Blatt 2] (SLA, Nachlass Erika Burkart).